JN077596

商標審査基準
〔改訂第16版〕

令和6年4月1日適用

特許庁編

発明推進協会

商標審査基準［改訂第１６版］
令和６年４月１日適用

商標審査基準　　沿革

昭 和 4 6 年 3 月 3 1 日　　公表

昭 和 5 2 年 9 月 1 0 日　　公表

昭 和 6 1 年 6 月 2 5 日　　公表

平 成 4 年 3 月 2 3 日　　公表

平 成 7 年 7 月 2 0 日　　公表

平 成 9 年 3 月 3 1 日　　公表

平 成 1 2 年 6 月 5 日　　公表

平 成 1 7 年 1 2 月 9 日　　公表

平 成 1 8 年 1 2 月 2 8 日　　公表

平 成 2 4 年 3 月 3 0 日　　公表

平 成 2 4 年 1 1 月 1 日　　公表

平 成 2 6 年 8 月 1 日　　公表

平 成 2 7 年 3 月 2 日　　公表

平 成 2 8 年 3 月 2 2 日　　公表

平 成 2 9 年 3 月 2 8 日　　公表

平 成 3 1 年 1 月 3 0 日　　公表

令 和 2 年 3 月 1 9 日　　公表

令 和 6 年 2 月 2 8 日　　公表

改訂第16版の発行にあたり

　産業構造審議会知的財産分科会商標制度小委員会において、商標を活用したブランド戦略展開に資する商標制度の見直しの検討が行われ、同小委員会の提言を踏まえた商標法の改正を含む「不正競争防止法等の一部を改正する法律」が令和5年6月14日に公布されました。この改正により、「他人の氏名を含む商標の登録要件緩和」及び「コンセント制度の導入」が行われます（令和6年4月1日施行）。

　これらの改正に対応するため、同小委員会に設置された商標審査基準ワーキンググループにおける全6回の審議を経て、他人の氏名を含む商標に係る商標法第4条第1項第8号について、一定の知名度の要件と政令要件の審査基準を追加し、コンセント制度に係る同条第4項について、先行登録商標権者による「承諾」や先行登録商標と出願商標との間で「混同を生ずるおそれがない」ことの判断方法等の審査基準を作成しました。

　この審査基準が、ユーザーの皆様の予見可能性を高め、より適切な商標出願に資する資料として活用いただければ幸いです。

　本改訂にあたり、多大なるご協力を頂きました産業構造審議会知的財産分科会商標制度小委員会商標審査基準ワーキンググループの委員の皆様に深く感謝いたします。

令和6年2月

特許庁審査業務部商標課長

根岸　克弘

改訂第15版の発行にあたり

　近年、企業が店舗の外観・内装に特徴的な工夫を凝らしてブランド価値を創出し、サービスの提供や製品の販売を行う事例が増えています。一方で、店舗の外観・内装は、立体的形状（立体商標）として保護の対象となり得ましたが、その保護が必ずしも十分なものといえない可能性がありました。

　そのため、産業構造審議会知的財産分科会商標制度小委員会における議論を踏まえ、立体商標を出願する際に「商標の詳細な説明」を必要に応じて願書に記載できるようにする、また、願書の商標記載欄に記載する際に標章を実線で描き、その他の部分を破線で描く等の記載方法を可能とする等の立体商標制度の見直しを行いました。

　上記の立体商標制度の見直しを踏まえ、商標制度小委員会に設置された商標審査基準ワーキンググループにおける全3回の審議を経て、立体商標に関する商標法第3条、第4条及び第5条等の審査基準の見直しを行い、新たな審査基準として商標審査基準改訂第15版を作成いたしました。

　この審査基準が、ユーザーの皆様の予見可能性を高め、より適切な商標出願に資する資料として活用いただければ幸いです。

　本改訂にあたり、多大なるご協力を頂きました産業構造審議会知的財産分科会商標制度小委員会商標審査基準ワーキンググループの委員の皆様に深く感謝いたします。

令和2年3月

特許庁審査業務部商標課長

髙野　和行

改訂第14版の発行にあたり

　平成30年度は、産業構造審議会知的財産分科会商標制度小委員会に設置された商標審査基準ワーキンググループにおいて、全2回の審議を行い、新たな審査基準として商標審査基準改訂第14版を作成いたしました。

　商標審査基準改訂第14版では、社会情勢や商取引を取り巻く環境の変化、さらに平成29年度に特許庁が行った商標審査の質に関するユーザー評価調査報告書の結果をふまえ、識別力に関する更なる基準の明確化（商標法第3条第1項第3号）、元号を表示する商標（第3条第1項第6号）、品種登録出願中の品種の名称に対する悪意の商標登録出願（第4条第1項第7号）等の審査基準について見直しを行いました。

　この審査基準が、ユーザーの皆様の予見可能性を高め、より適切な商標出願に資する資料としてご活用いただければ幸いです。

　本改訂にあたり、多大なるご協力を頂きました産業構造審議会知的財産分科会商標制度小委員会商標審査基準ワーキンググループの委員の皆様に深く感謝いたします。

平成31年1月

特許庁審査業務部商標課長

佐藤　淳

改訂第13版の発行にあたり

　商標審査基準については、産業構造審議会知的財産分科会商標制度小委員会に設置された商標審査基準ワーキンググループにおいて、平成27年度及び平成28年度の2年計画で全面的な改訂に向けて審議を行い、商取引を取り巻く環境の変化やユーザーニーズ、近年の裁判例などの動向をふまえた内容面の観点及び構成全体の整理や用語の統一等の構成面の観点から改訂を行いました。

　平成28年度は、全8回にわたる公開による審議を経て、新たな審査基準として商標審査基準改訂第13版を作成いたしました。

　商標審査基準改訂第13版においては、商標の不登録事由（商標法第4条）を中心に、商標法第4条第1項第11号の外観及び観念についての基準及び例示を明記、同号における出願人と引用商標権者に支配関係がある場合の取扱いを規定、また、第4条第1項各号における類否の判断において立法趣旨を考慮した判断ができるよう全体的な見直しを行いました。

　この審査基準が、ユーザーの皆様の予見可能性を高め、より適切な商標出願に資する資料としてご活用いただければ幸いです。

　最後に、本改訂にあたり、多大なるご協力を頂きました産業構造審議会知的財産分科会商標制度小委員会商標審査基準ワーキンググループの委員の皆様に深く感謝いたします。

平成29年3月

特許庁審査業務部商標課長

佐　藤　　淳

改訂第12版の発行にあたり

　商標審査基準は、昭和46年に初版が発行されて以来、法律改正・社会情勢の変遷・ユーザーニーズの変化等に応じる形で、部分的には改訂を重ねてきましたが、審査基準全体にわたる見直しは充分に行われていませんでした。

　また、近時において、ユーザーから更に明確で分かりやすい審査基準とするよう要望があること及び商取引を取り巻く環境も大きく変化している状況もありました。

　そのようなことから、特許庁では商標審査基準を全面的に見直すこととし、産業構造審議会知的財産分科会商標制度小委員会商標審査基準ワーキンググループにおける、合計6回にわたる公開による審議を経て、新たな審査基準として商標審査基準改訂第12版を作成いたしました。

　商標審査基準改訂第12版においては、商標法第3条を中心に審査基準の修正を行い、より具体化及び明確化する等の見直しを行いました。

　この審査基準が適正な商標出願のための一助として、ユーザーの方々にも利用され、円滑な商標審査に資する資料として活用いただければ幸いです。

平成28年3月

特許庁審査業務部商標課長

青　木　　博　文

改訂第11版の発行にあたり

　「特許法等の一部を改正する法律」が平成26年5月14日に平成26年法律第36号として公布され、平成27年4月1日付けで施行されます。（一部平成26年8月1日施行済。）

　今回の改正法における商標関係については、①音や色彩を保護対象として商標の定義に追加するとともに、動き、ホログラム及び商品等の特定の位置に付する標章について、出願手続きを整備することにより商標として保護を可能とする、②国際機関の紋章等と類似する標章に関する登録要件に除外規定を設ける、③地域団体商標の登録主体として商工会、商工会議所及び特定非営利活動促進法第2条第2項に規定する特定非営利活動法人を追加する等の改正が行われました。

　上記の商標法の一部改正に対応するため、産業構造審議会知的財産分科会商標制度小委員会の下に商標審査基準ワーキンググループを設置し、平成26年4月24日から10回にわたる公開による審議を経て、新たな審査基準として商標審査基準改訂第11版を作成いたしました。

　商標審査基準改訂第11版においては、商標法第3条、第4条及び第5条等の審査基準の修正を行うとともに、これまで審議会等で指摘されていた地域団体商標の周知性要件について、求められる需要者の認識の範囲を商品又は役務の特性ごとに可能な限り類型化した上で、判断基準をより具体化及び明確化する等の見直しを行いました。

　この審査基準が適正な商標出願のための一助として、ユーザーの方々にも利用され、円滑な商標審査に資する資料として活用いただければ幸いです。

平成27年3月

特許庁審査業務部商標課長

青　木　　博　文

改訂第10版の発行にあたり

　「特許法等の一部を改正する法律」が平成23年６月８日に平成23年法律第63号として公布され、平成24年４月１日より施行されることになりました。

　今回の改正においては、特許法のほか、商標法についても、①出願人の利便性の向上の観点から、商標法第４条第１項第９号及び同法第９条第１項に規定する特許庁長官による博覧会の指定制度を廃止し、特許庁長官の定める基(平成24年特許庁告示第６号)に適合する博覧会については、事前の指定を経ることなく、当該博覧会の賞と同一又は類似の標章を有する商標について不登録事由の対象にするとともに、出願時の特例の主張をすることを可能とした、②早期の権利取得というユーザーのニーズに応える観点から、登録商標に係る商標権が消滅した後も１年間は他人の商標登録を禁じていた商標法第４条第１項第13号を廃止した、等の改正を行いました。

　審査基準の改訂第10版においては、上記の商標法の一部改正に対応するために、商標法第４条第１項第９号及び第11号の審査基準の修正、同項第13号の審査基準の廃止、さらに、同法第９条第１項の審査基準の新設等の見直しを行いました。

　この審査基準が適正な商標出願のための一助として、ユーザーの方々にも利用され、円滑な商標審査に資する資料として活用いただければ幸甚です。

平成24年３月

特許庁審査業務部商標課長

林　栄　二

改訂第9版の発行にあたり

　「意匠法等の一部を改正する法律」が平成18年6月7日に平成18年法律第55号として公布され、平成19年4月1日より施行されることに伴い、商標法において小売業等に係る商標が新たにサービスマーク（役務に係る商標）として保護されることになりました。

　また、同改正に係る産業構造審議会知的財産政策部会の報告書「商標制度の在り方について」においては、小売業等に係る商標をはじめとした商標登録出願について出願人の商標の使用意思の確認を強化すべきことや、先願登録商標との類否の審査について当事者である引用商標の商標権者の取引の実情を示す説明書が提出された場合は判断材料の一つとして説明書を参酌できるよう運用を改善すべきことが指摘されたところです。

　今回の審査基準の改訂では、主に、上記商標法の改正に対応すると同時に上記報告書の指摘を踏まえた審査運用の改善を行うべく、小売業者等に係る商標に関する審査基準、上記報告書の指摘に対応する商標法第3条第1項柱書の運用及び同法第4条第1項第11号の運用に関する審査基準を新たに作成し、さらに、地域団体商標に関する法施行後の実態を踏まえ同法第7条の2の要件等をより明確化するための追加を行いました。

　本書を、今後の適正な出願のための基準、商標制度活用のための資料としてご活用いただければ幸甚です。

平成19年1月

特許庁審査業務部商標課長

林　二郎

改訂第8版の発行にあたり

　地域ブランドをより適切に保護することにより、競争力の強化と地域経済の活性化を支援するため、「商標法の一部を改正する法律」が平成17年6月15日に平成17年法律第56号として公布され、平成18年4月1日より地域団体商標制度を導入することとなりました。

　今回の改正は、地域の名称と商品（役務）の名称等からなる商標について、事業協同組合や農業協同組合等の団体によって、地域との密接な関連性を有する商品（役務）に使用されたことにより一定程度の周知性を獲得した場合には、地域団体商標として商標登録を受けることができることになりました。

　そこで、地域団体商標に関する審査の統一的な運用を図るため、商標法第7条の2の審査基準を新たに作成しました。また、併せて同法第3条第1項第1号及び同条第2項、同法第4条第1項第11号及び同項第16号の見直し及び修正を行いました。

　本書を、今後の適正な出願のための基準、商標制度活用のための資料としてご活用いただければ幸甚です。

平成18年1月

特許庁審査業務部商標課長

田代　茂夫

改訂第7版の発行にあたり

　「標章の国際登録に関するマドリッド協定の1989年6月27日にマドリッドで採択された議定書」（以下「議定書」という。）の締結が、第145回通常国会において承認され、議定書を実施するための「特許法等の一部を改正する法律」が平成11年5月7日に同国会において成立し、同年5月14日に法律第41号として公布されました。議定書は、平成12年3月14日に我が国について発効し、議定書実施関連の改正規定も同日に施行されています。

　改正商標法は、国際登録に基づき我が国を指定する領域指定を国際登録の日にされた我が国の商標登録出願とみなし、また、我が国を事後指定した場合の領域指定を国際登録簿に記録された事後指定の日にされた商標登録出願とみなすこととし、国際登録に基づく手続を国内段階に繋げて我が国の商標法を適用することにしました（第68条の9）。

　しかし、このような国際商標登録出願について、国際登録簿により管理される国際登録制度の仕組み上、商標法の規定をそのまま適用できないものについては特例を規定しています。

　そこで、国際商標登録出願を特例的に取り扱う場合には、従前の国内基準に例外を設ける等の改正を行うとともに、改正商標法で新設された規定に関する審査基準を新たに設けました。

　また、商標法第4条第1項第14号に関する審査基準については、種苗法改正に伴う条文の訂正等を行いました。

　さらに、平成12年1月1日から商標登録出願におけるペーパーレスシステムを導入したことに伴う改正も行いました。

　本書を、今後の適正な商標管理の資料としてご活用下さい。

　また、よりよき商標審査基準を作るために関係各位の適切なご意見、ご批判をいただければ幸甚です。

平成12年4月6日

特許庁審査第一部商標課長

田邉　秀三

商標審査基準改訂第６版の発行にあたり

　本書は、特許庁が商標登録出願を適正かつ統一的に審査するための基準で、平成８年の商標法改正に伴って改訂された改訂第６版（６回目の改訂版）です。

　「商標法等の一部を改正する法律」が平成８年６月４日、第136回通常国会において成立し同年６月12日に法律第68号として公布されました。

　商標法は、昭和34年改正により現行制度の骨格が形成されて以来36年を経過していますが、この間、国際情勢においては、商品及びサービスの国際的な取引の増大、企業活動のボーダーレス化の進展に伴い商標制度の国際的な調和や簡素化が喫緊の課題となりました。この状況を反映し、平成６年に商標に関する手続の簡素化及び国際的調和を目的とする「商標法条約」が締結されました。

　また、目を転ずると、国内においては、我が国経済の発展、商品・サービスの差別化の進展等により商標制度の利用に対する新しいニーズが生じる一方で、不使用商標対策、早期権利付与等の要請が強まりました。

　今回の商標法一部改正は上記内外の情勢変化に対応したものであり、
①商標法条約対応のために一出願多区分制の導入、出願人の業務記載の廃止、更新時の実体審査、登録商標の使用チェックの廃止等、
②不使用商標対策として連合商標制度の廃止等、
③早期権利付与の確保のために商標権付与後の登録異議申立制度への移行、先願未登録商標に基づく拒絶理由の通知、標準文字制度の採用等、
④著名商標の保護のために不正目的による商標登録出願の排除、
⑤経済活動活性化支援のために立体商標制度の導入、団体商標制度の明文化、書換制度の導入等、数多くの改正がなされました。

　この改正に合わせ「商標審査基準」を大幅に改訂しました。新たに「標準文字」、「立体商標」、「団体商標」、「指定商品の書換」等に関する審査の判断基準を設けるとともに、従来の「連合商標」、「商標登録異議の申立て」、「存続期間の更新登録」に関する基準を商標法の改正に合わせ削除するなどの改訂を行いました。

　また、一出願多区分制の導入に伴い一出願で商品と役務の双方を指定する場合があること等を踏まえ、商品に係る商標審査基準と役務に係る商標審査基準２編に分けて構成

していたものを統合しました。

　なお、改訂にあたっては工業所有権審議会の「商標法等の改正に関する答申」の内容、趣旨、そして「商標法条約」の内容や締結に至る経緯をも踏まえました。

当書を、今後の適正な出願のための基準、商標制度活用のための資料としてご活用下さい。

　また、よりよき商標審査基準を作るために関係各位の適切なご意見、ご批判をいただければ幸甚です。

平成9年3月3日

特許庁 商標課長

能 條　佑 敬

改訂版の発行にあたり

　特許法等の一部を改正する法律(平成6年法律第116号)により、商標法が改正された。今回の商標法の改正は、主に、世界貿易機関を設立するマラケシュ協定(WTO)の確実な実施を確保すること、特許付与前に行っていた異議申立てを特許付与後に行うこととするいわゆる特許法の付与後異議制度の採用に伴って関係規定を整備すること等を目的とするものであり、この結果、ぶどう酒又は蒸留酒の産地の表示の保護に関する第4条第1項第17号の規定が新設されたほか、実体的には変更がないとはいえ異議申立て等に関する商標法の根拠規定も大幅に改正された。

　そこで、改正商標法の施行後も商標登録出願に関する審査を適正かつ統一的に行うため、「商標審査基準」についても、改正後の商標法に合致させるため見直し及び修正を行うこととした。具体的には、新たな拒絶理由である第4条第1項第17号に関する基準を設けるとともに、異議申立てや補正の却下等に関する基準を商標法の改正に伴い整理し直すものとなっている。

　これらの改訂内容は、WTOとして結実したガット・ウルグアイラウンドのTRIPS交渉の経緯をも踏まえ、商標の審査部内で検討し、決定したものである。

　なお、今回の商標法の改正においては、施行が平成7年7月1日の規定と平成8年1月1日の規定が存するが、この「商標審査基準」についても、関係規定の施行に合わせて施行することとなる。

　これが適正な出願のための基準とされることを望むものである。

平成7年6月19日

特許庁審査第一部商標課長

佐藤　邦茂

改訂版の発行にあたり

　商標法等の一部が改正(平成3年法律第65号、政令第298号、同第299号、通商産業省令第70号)されたことにより、平成4年4月1日にサービスマーク登録制度導入とともに国際分類を主たる体系として採用することとなったが、この改正に伴って、商標登録出願に関する審査を適正かつ統一的に行うために、現行の「商標審査基準」を見直し、改めることとした。

　今回の改訂版においては、現行「商標審査基準」(商品に係る商標に関するもの)の各基準について所要の修正を行い、サービスマークに関する審査基準を新たに追加した。

　その主な内容は、①「願書に記載された出願人の業務に係る商品又は役務と指定商品又は指定役務は同一若しくは類似の範囲内でなければならない。」とする商標法第3条第1項柱書きに関する審査基準の変更　②商品と役務の類否の判断基準の追加　③「第○類　○○その他本類に属する商品」というような、いわゆる全額指定の排除を内容とする商品又は役務の指定に関する基準の変更、その他所要の修正を行った。

　なお、「商品に係る商標」と「サービスマーク」は、識別対象が「商品」と「役務」の相違があってもそれが果たす機能は同一であるため、両者の登録要件・不登録事由等に関する審査基準も基本的には同様のものになる。従って、「商品に係る商標審査基準」と「役務(サービス)に係る商標審査基準」は、その内容において重複する部分が多いが、サービスマーク登録制度の導入によってサービス事業者等がこの基準を初めて利用することも考慮して、両基準を別々に作成し1冊に合本した。

　また、役務に係る更新登録出願の審査基準は、現行の更新登録出願の審査基準に倣うこととなろうが、10年後に生ずる問題でもあり、役務に係る商標の審判決例等を待って作成すべきであるとの判断から、相当の期間経過後にこれを作成し公表することとした。

　この基準は、関係団体・協会等の意見を踏まえて商標審査部内において検討し、決定したものである。

　ここにその内容を公表し、適正な出願の基準とされることを望むものである。

平成4年3月

特許庁審査第一部商標課長

細　井　貞　行

改訂版の発行にあたり

　商標法等の一部が改正されたことにより、新たに行われることとなった登録商標の使用義務の強化に関する審査を適正かつ統一的に行うために「登録商標の使用の認定に関する審査基準」及び「商標の使用の事実を示す資料及び商標の使用に係る商品に関する審査基準」等を作成し公表してきた。

　今回、商標審査基準にこれらを組み入れるとともに第３条第１項柱書き等を含め関連部分に修正を加え改訂することとした。

　この改訂は、商標審査部内において検討し、決定したものである。

　ここにその内容を公表する。

　適正な出願のための基準とされることを望むものである。

昭和56年３月31日

特許庁審査第一部商標課長

青　木　　実

改訂版の発行にあたり

　　これまで公表してきた商標審査基準のうち、商標の類似特に称呼類似に関する部分および周知標章についての基準を改訂した。

　　今回の改訂は、いずれも、さきの工業所有権審議会および商標審査基準協議会の意見をうけ、商標審査部内で検討し決定したものである。

　　ここにその内容を公表する。

　　適正な出願のための基準とされることを望むものである。

昭和52年8月10日

特許庁審査第一部商標課長

石　川　　義　雄

序 文

　法律の運用にあたっては、行政庁にある程度の裁量がまかされているので、ほとんどの行政庁は、条文解釈等を通達することによって、その法律運用の妙を図っている。しかし、それがあまりにも程度をこえると、いわゆる通達行政の弊害が顕著になり、国民の利益が害されるようなことになりかねない。

　このような実害を防止するため、戦後制定された法律の多くは、定義規定を設けたり、解釈規定を明文化するのが例となっている。ところが商標法のように取引の実態の変化に伴って、運用解釈も変えざるを得ないような実体法については、それだけに頼る方法ではどうしても運用上限界が生ずるものである。そこで、特許庁では、商標法を円滑に運用し、審査の適正と迅速化を期するため、外部に公表せず、庁内用としてではあるが、とくに商標審査基準を作成のうえ、ここ10年間、商標法の運用をおこなってきた。しかるに、現行の審査基準では、高度成長経済に伴い、めまぐるしく、変動する経済社会の状勢に対応することが段々とできなくなってきている。そこで、現在の経済的、社会的客観状勢に即応するよう商標審査基準を今般改正することにした。それと同時にこの審査基準によって秩序ある商標出願を今後期待するとともに、この審査基準に対する民間の意見を広く求めるため、試みに公開することにした。なお、この審査基準が作成されるまでの経過は、次のとおりであった。

　審査第一部の商標第一課および第二課内に設置されている商標審査基準委員会において、昭和44年12月から改正作業を開始した。その後、委員会で検討を重ねること約40回、漸く最終案を作成し、審査官会議での審議および総務課における法律的再検討を経た後、庁議の了承を得て、昭和46年3月庁内手続を終え、公開のはこびになったものである。この間、民間関係者の代表として、日本特許協会と弁理士会の見解を求めて参考にしている。また、このたびの審査基準作成に当っては、次の諸点に注意して改正された。

1．拒絶理由通知書の記載方法など庁内手続だけのものは、極力削除した。
2．法律的解釈が難解であって、多くの学説に岐れているものは、記載することを避けた。
3．旧審査基準では現在における取引の実態に即してないものは、最近の実情に合致するよう改正した。
4．各条項ごとに適切な具体例のある場合は、なるべく多数の例を挙げるように努めたが、内容の性質上、誤解を招くおそれのある事例については、列挙しない方針をと

った。

　このように商標審査基準を今般制定し公開することにしたが、これは、審査官による判断の統一、審査の適正および促進を期するだけでなく、一般に公表することによって、各界の忌憚なき意見を徴し、その結果、第2次、第3次と審査基準の改正を重ね、よりよき商標審査基準を完成することにしているからである。従って今後関係各位の適切なご批判をいただければ、幸いである。

昭和46年3月31日

特許庁審査第一部長

大　久　保　　一　郎

目次

第1　第3条第1項

（商標登録の要件）

一、第3条第1項全体

第三条　自己の業務に係る商品又は役務について使用をする商標については、次に掲げる商標を除き、商標登録を受けることができる。

一　その商品又は役務の普通名称を普通に用いられる方法で表示する標章のみからなる商標

二　その商品又は役務について慣用されている商標

三　その商品の産地、販売地、品質、原材料、効能、用途、形状（包装の形状を含む。第二十六条第一項第二号及び第三号において同じ。）、生産若しくは使用の方法若しくは時期その他の特徴、数量若しくは価格又はその役務の提供の場所、質、提供の用に供する物、効能、用途、態様、提供の方法若しくは時期その他の特徴、数量若しくは価格を普通に用いられる方法で表示する標章のみからなる商標

四　ありふれた氏又は名称を普通に用いられる方法で表示する標章のみからなる商標

五　極めて簡単で、かつ、ありふれた標章のみからなる商標

六　前各号に掲げるもののほか、需要者が何人かの業務に係る商品又は役務であることを認識することができない商標

1．判断時期について

本項に該当するか否かの判断時期は、査定時とする。

なお、拒絶査定不服審判請求がなされた場合の判断時期は、審決時である。

2．立体商標について

(1)　立体的形状に、識別力を有する文字、図形等の標章を結合し、かつ、当該文字、図形等の標章が商品又は役務の出所を表示する識別標識としての使用態様で用いられていると認識できる場合は、商標全体としても本項各号に該当しないと判断する。

(2)　本項各号に該当する文字に単に厚みをもたせたにすぎない立体的形状のみからなる場合は、本項各号に該当すると判断する。

3．動き商標について

(1)　動き商標を構成する文字や図形等の標章と、その標章が時間の経過に伴って変化する状態とを総合して商標全体として考察し、本項各号に該当するか否かを判断する。

(2)　動き商標を構成する文字や図形等の標章が、本項各号に該当しない場合には、商

標全体としても本項各号に該当しないと判断する。

(3) 動き商標を構成する文字や図形等の標章が、本項各号に該当するもののみからなる場合には、原則として、商標全体としても本項各号に該当すると判断する。

(4) 標章が時間の経過に伴って変化する状態が軌跡として線等で表され文字や図形等の標章を描き、その標章が、本項各号に該当する場合には、商標全体としても本項各号に該当すると判断する。

4. ホログラム商標について

(1) ホログラム商標を構成する文字や図形等の標章と、その標章が立体的に描写される効果、光の反射により輝いて見える効果、見る角度により別の表示面が見える効果等のホログラフィーその他の方法による視覚効果により変化する状態とを総合して商標全体として考察し、本項各号に該当するか否かを判断する。

(2) ホログラフィーその他の方法による視覚効果のうち、立体的に描写される効果、光の反射により輝いて見える効果等の文字や図形等の標章を装飾する効果については、表示面に表された文字や図形等の標章が、本項各号に該当するか否かを判断する。

ホログラム商標を構成する文字や図形等の標章が本項各号に該当しない場合には、商標全体としても本項各号に該当しないと判断する。

(3) (1)の視覚効果のうち、見る角度により別の表示面が見える効果が施されている場合には、それぞれの表示面に表された文字や図形等の標章が、本項各号に該当するか否かを判断するとともに、その表示面の商標全体に占める割合、表示される文脈、他の表示面の標章の関連性等を総合して、商標全体として考察し、本項各号に該当するか否かを判断する。

(4) ホログラム商標を構成する文字や図形等の標章が、本項各号に該当するもののみからなる場合には、原則として、商標全体としても本項各号に該当すると判断する。

5. 色彩のみからなる商標について

(1) 2以上の色彩を組み合わせてなる場合は、商標全体として考察し、本項各号に該当するか否かを判断する。色彩を付する位置を特定したものについても、同様とする。

(2) 色彩を付する位置を特定したものについては、色彩のみからなる商標を構成する標章は色彩のみであることから、その位置は考慮せず、色彩が本項各号に該当するか否かを判断する。

6．音商標について

(1)　音商標を構成する音の要素（音楽的要素及び自然音等）及び言語的要素（歌詞等）を総合して商標全体として考察し、本項各号に該当するか否かを判断する。

(2)　言語的要素が本項各号に該当しない場合には、商標全体としても本項各号に該当しないと判断する。

(3)　音の要素が本項各号に該当しない場合には、商標全体としても本項各号に該当しないと判断する。

(4)　本項各号に該当する標章を単に読み上げたにすぎないと認識させる音商標は、商標全体としても本項各号に該当すると判断する。

7．位置商標について

(1)　位置商標を構成する文字や図形等の標章とその標章が付される位置とを総合して、商標全体として考察し、本項各号に該当するか否かを判断する。

(2)　位置商標を構成する文字や図形等の標章が、本項各号に該当しない場合には、標章を付する位置にかかわらず、原則として、商標全体としても本項各号に該当しないと判断する。

(3)　位置商標を構成する文字や図形等の標章が、本項各号に該当するもののみからなる場合には、原則として、商標全体としても本項各号に該当すると判断する。

二、第３条第１項柱書

> **第三条** 自己の業務に係る商品又は役務について使用をする商標については、次に掲げる商標を除き、商標登録を受けることができる。

商標法施行規則

第四条 商標に係る文字、図形、記号、立体的形状又は色彩が変化するものであつて、その変化の前後にわたるその文字、図形、記号、立体的形状若しくは色彩又はこれらの結合からなる商標（以下「変化商標」という。）のうち、時間の経過に伴つて変化するもの（以下「動き商標」という。）の商標法第五条第一項第二号の規定による願書への記載は、その商標の時間の経過に伴う変化の状態が特定されるように表示した一又は異なる二以上の図又は写真によりしなければならない。

第四条の二 変化商標のうち、ホログラフィーその他の方法により変化するもの（前条に掲げるものを除く。以下「ホログラム商標」という。）の商標法第五条第一項第二号の規定による願書への記載は、その商標のホログラフィーその他の方法による変化の前後の状態が特定されるように表示した一又は異なる二以上の図又は写真によりしなければならない。

第四条の三 立体的形状（文字、図形、記号若しくは色彩又はこれらの結合との結合を含む。以下この条において同じ。）からなる商標（以下「立体商標」という。）の商標法第五条第一項第二号の規定による願書への記載は、次のいずれかのものによりしなければならない。

　一 商標登録を受けようとする立体的形状を一又は異なる二以上の方向から表示した図又は写真

　二 商標登録を受けようとする立体的形状を実線で描き、その他の部分を破線で描く等により当該立体的形状が特定されるように一又は異なる二以上の方向から表示した図又は写真

第四条の四 色彩のみからなる商標の商標法第五条第一項第二号の規定による願書への記載は、次のいずれかのものによりしなければならない。

　一 商標登録を受けようとする色彩を表示した図又は写真

　二 商標登録を受けようとする色彩を当該色彩のみで描き、その他の部分を破線で描く等により当該色彩及びそれを付する位置が特定されるように表示した一又は二以上の図又は写真

第四条の五 音からなる商標（以下「音商標」という。）の商標法第五条第一項第二号の規定による願書への記載は、文字若しくは五線譜又はこれらの組み合わせを用いて商

標登録を受けようとする音を特定するために必要な事項を記載することによりしなければならない。ただし、必要がある場合には、五線譜に加えて一線譜を用いて記載することができる。

第四条の六　商標に係る標章（文字、図形、記号若しくは立体的形状若しくはこれらの結合又はこれらと色彩との結合に限る。）を付する位置が特定される商標（以下「位置商標」という。）の商標法第五条第一項第二号の規定による願書への記載は、その標章を実線で描き、その他の部分を破線で描く等により標章及びそれを付する位置が特定されるように表示した一又は異なる二以上の図又は写真によりしなければならない。

1．「自己の業務」について

　「自己の業務」には、出願人本人の業務に加え、出願人の支配下にあると実質的に認められる者の業務を含む。

　（例）

　　①　出願人がその総株主の議決権の過半数を有する株式会社の業務

　　②　①の要件を満たさないが資本提携の関係があり、かつ、その会社の事業活動が事実上出願人の支配下にある場合の当該会社の業務

　　③　出願人がフランチャイズ契約におけるフランチャイザーである場合の加盟店（フランチャイジー）の業務

2．「使用をする商標」について

　(1)　「使用をする」とは、指定商品又は指定役務について、出願人又は出願人の支配下にあると実質的に認められる者（以下「出願人等」という。）が、出願商標を現に使用している場合のみならず、将来において出願商標を使用する意思（以下「使用の意思」という。）を有している場合を含む。

　(2)　指定役務が、例えば、次のような場合には、商標を使用できない蓋然性が高いものとして、本項柱書により登録を受けることができる商標に該当しないと判断する旨の拒絶理由の通知を行い、出願人が指定役務を行い得るか確認する。

　　（例）

　　　指定役務に係る業務を行うために法令に定める国家資格等を有することが義務づけられている場合であって、願書に記載された出願人の名称等から、出願人が、指定役務に係る業務を行い得る法人であること、又は、個人として当該国家資格等を有していることのいずれの確認もできない場合。

(3) 指定商品又は指定役務について、(ｱ)又は(ｲ)に該当するときは、商標の使用及び使用の意思があるかについて合理的な疑義があるものとして、本項柱書により登録を受けることができる商標に該当しないと判断する旨の拒絶理由の通知を行い、下記３．に従い商標の使用又は使用の意思を確認する。

　ただし、出願当初から、出願人等における商標の使用又は使用の意思があることが確認できる場合を除く。

(ｱ) 第２条第２項に規定する役務(以下「小売等役務」という。)について

① 「衣料品、飲食料品及び生活用品に係る各種商品を一括して取り扱う小売又は卸売の業務において行われる顧客に対する便益の提供」(以下「総合小売等役務」という。)に該当する役務を個人(自然人をいう。)が指定してきた場合。

② 総合小売等役務に該当する役務を法人が指定してきた場合であって、「自己の業務に係る商品又は役務について使用」をするものであるか否かについて調査を行っても、出願人等が総合小売等役務を行っているとは認められない場合。

③ 類似の関係にない複数の小売等役務を指定してきた場合。

(ｲ) (ｱ)を除く商品・役務の全般について

１区分内での商品又は役務の指定が広い範囲に及んでいる場合。

３．「使用をする商標」であることの確認について

(1) 「使用をする商標」であることは、指定商品又は指定役務の各区分において類似群(類似商品・役務審査基準における類似群をいい、類似関係にあると推定する商品又は役務をグルーピングしたものを指す。)ごとに明らかにする必要がある。

(2) 出願人等における商標の使用又は使用の意思については、商標の使用の前提となる指定商品又は指定役務に係る業務を行っているか否か又は行う予定があるか否かを通じて確認する。

(3) 業務を行っていることの確認について

(ｱ) 総合小売等役務に該当する役務を行っているか否かは、次の事実を考慮して総合的に判断する。

① 小売業又は卸売業を行っていること。

② その小売等役務の取扱商品の品目が、衣料品、飲食料品及び生活用品の各範疇にわたる商品を一括して１事業所で扱っていること。

③ 衣料品、飲食料品及び生活用品の各範疇のいずれもが総売上高の10％～70％程度の範囲内であること。

(ｲ) 指定商品又は指定役務に係る業務を出願人等が行っていることは、例えば、次

の方法により確認する。

① 出願人等の取扱商品が記載されたカタログ、ちらし等の印刷物

② 出願人等が運営する店舗及び取扱商品が分かる店内の写真

③ 出願人等の取扱商品が分かる取引書類(注文伝票、納品書、請求書、領収書等)

④ 出願人等の業務内容、取扱商品が紹介されている新聞、雑誌、インターネット等の記事

⑤ (総合小売等役務の場合)小売等役務に係る商品の売上高が判る資料

(4) 業務を行う予定があることの確認について

(ア) 出願人等が出願後3～4年以内(登録後3年に相当する時期まで)に商標の使用を開始する意思がある場合に、指定商品又は指定役務に係る業務を出願人等が行う予定があると判断する。

(イ) 指定商品又は指定役務に係る業務を出願人等が行う予定があることの確認のためには、商標の使用の意思を明記した文書及び予定している業務の準備状況を示す書類の提出を求める。

なお、商標の使用意思が明確でない場合や当該予定している業務の準備状況に疑義がある場合には、必要に応じその事業の実施や計画を裏付ける書類の提出を求める。

4．国際商標登録出願について

(1) 国際商標登録出願について、国際登録に係る商標が第2条第1項に規定する商標に該当しないことが明らかなときは、本項柱書により登録を受けることができる商標に該当しないと判断する。

(2) 国際商標登録出願において、団体商標に相当する商標である旨の記載がされている場合、第7条第3項に規定する証明書(第7条第1項の法人であることを証する書面)の提出がされない場合は、本項柱書により商標登録を受けることができる商標に該当しないと判断する。

なお、団体商標の商標登録出願(国内出願)については、補正指令(方式)の対象とする。

5．団体商標について

団体商標の商標登録出願については、当該団体及びその構成員の双方が使用をしないものばかりでなく、当該団体が指定商品又は指定役務について使用するのみで、その構成員が使用をするものでないときも、本項柱書(第7条第2項の規定により読み替えて適

用)により登録を受けることができる商標に該当しないと判断する。

６．立体商標について

　立体商標である旨の記載があっても、願書中の商標登録を受けようとする商標を記載する欄（以下「商標記載欄」という。）へ記載した商標(以下「願書に記載した商標」という。)が立体商標を構成するものと認められない場合には、本項柱書により商標登録を受けることができる商標に該当しないと判断する。

　(1)　立体的形状（複数の立体的形状からなるものを含む。以下同じ。）を表す場合

　　(ア)　立体商標と認められない例

　　（解説）　立体的形状としての厚み等の三次元の物の外観としての形状が表示されておらず、文字、図形、記号と認識される。

　　(イ)　立体商標と認められる例

　　（解説）　立体的形状としての厚み等の三次元の物の外観としての形状が表示されており、立体的形状又は立体的形状と文字、図形、記号又は色彩が結合しているものと認識される。

　(2)　立体的形状と文字、図形、記号が結合しているものと認められない場合

　　（解説）　文字、図形、記号が立体的形状に係る物の表面に貼り付けられたような構成及び態様でなく、分離した構成及び態様であるため、全体としては、三次元の

物の外観としての形状が表示されているとはいえず、立体商標として認識することができない。

(3) 願書に記載した商標が複数の図により記載されている場合

(ア) 立体商標と認められない例

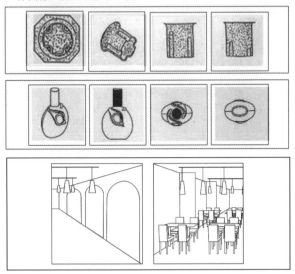

(解説) 複数の図によって記載されているが、各図が表す立体的形状や色彩が合致しておらず、一つの立体商標として特定されていない。

(イ) 立体商標と認められる例

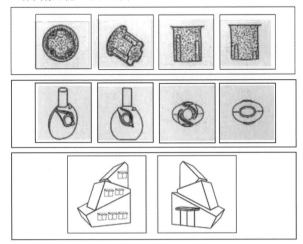

（解説）　複数の図によって記載されているが、各図が表す立体的形状が合致しており、一つの立体商標として特定されている。

(4)　商標に係る標章を実線で描き、その他の部分を破線で描くこと等（以下「実線・破線等の描き分け」という。）により記載されている場合

(ｱ)　立体商標と認められない例

（例）

①　実線・破線等の描き分けがあるが、商標の詳細な説明の記載がない場合

②　実線・破線等の描き分けがあり、商標の詳細な説明の記載があるが、商標を構成しない部分（破線等）の説明がない場合

(ｲ)　立体商標と認められる例

【商標登録を受けようとする商標】

【立体商標】

【商標の詳細な説明】

　　商標登録を受けようとする商標(以下「商標」という。)は、立体商標であり、３つの多面体を含む店舗の外観を表す立体的形状からなる。

　　なお、破線は、店舗の形状の一例を示したものであり、商標を構成する要素ではない。

【指定商品又は指定役務並びに商品及び役務の区分】

　　【第43類】

　　【指定商品（指定役務)】飲食物の提供

（解説）　願書に記載した商標に、実線・破線等の描き分けがあり、願書に記載した商標及び商標の詳細な説明から、立体商標としての構成及び態様が特定されている。

(5)　立体商標（実線・破線等の描き分けがある場合には商標を構成する部分）の端が商標記載欄の枠により切れている場合

(ア) 立体商標と認められない例

【商標登録を受けようとする商標】

【立体商標】

【商標の詳細な説明】

　　商標登録を受けようとする商標は、立体商標であり、３つの多面体を含む店舗の外観の一部を表したものである。

【指定商品又は指定役務並びに商品及び役務の区分】

【第43類】

【指定商品（指定役務）】飲食物の提供

（解説）　願書に記載した商標は、立体商標の全体を表示することが可能であるにもかかわらず、その全体を表示していないため、立体商標としての構成及び態様が具体的に特定されていない。

(イ) 立体商標と認められる例

【商標登録を受けようとする商標】

【立体商標】

【商標の詳細な説明】

　この商標登録出願に係る商標（以下「商標という。」）は、店舗の内部の構成を表示した立体商標であり、照明器具、コの字型のカウンター、椅子の座面及びカウンターに接して設置された酒や料理等の提供台を含む店舗の内装の立体的形状からなる。

　なお、破線は、店舗の内装の形状の一例を示したものであり、商標を構成する要素ではない。

【指定商品又は指定役務並びに商品及び役務の区分】

　【第43類】

　【指定商品(指定役務)】飲食物の提供

（解説）　内装のように立体的形状の内部の構成を表示した立体商標であって、当該立体商標の端が商標記載欄の枠により切れることがやむを得ない場合は、商標の詳細な説明の記載により立体的形状の内部の構成を表示した立体商標である旨を明らかにした場合に限り、商標記載欄に記載された範囲で立体商標としての構成及び態様が特定されていると判断する。

(6)　外観・内装双方を含む構成からなる立体商標の場合

(ア)　立体商標と認められない例

【商標登録を受けようとする商標】

【立体商標】

【商標の詳細な説明】（略）

（解説）　立体商標について、外観・内装それぞれを別の図で記載した場合には、一つの立体商標として特定されていないと判断する。

（イ）　立体商標と認められる例

【商標登録を受けようとする商標】

【立体商標】

【商標の詳細な説明】

　　商標登録を受けようとする商標（以下「商標」という。）は、立体商標であり、縦線模様の装飾を含む店舗の外観、並びにテーブル、椅子、ペンダント照明及びアーチ状の壁面装飾を含む内装を表す立体的形状からなる。

　　なお、破線は、店舗を設置する建物の形状の一例を示したものであり、商標を構成する要素ではない。

【指定商品又は指定役務並びに商品及び役務の区分】

　【第43類】

　【指定商品（指定役務）】飲食物の提供

　　（解説）　店舗の外観を表示した図に、内装が含まれており、一つの立体商標として
　　　　　特定されていると判断する。

(7)　商標としての「使用」が当然に想定し得ない場合

【商標登録を受けようとする商標】

【立体商標】
【指定商品又は指定役務並びに商品及び役務の区分】
　【第１０類】
　【指定商品（指定役務）】衛生マスク，医療用手袋

　　（解説）　この場合、衛生マスク以外の指定商品が当該立体的形状を採ることは想定
　　　　　し得ず、かつ、広告として使用されることも当然に想定し得ないから、本項柱書
　　　　　の要件を満たさないと判断する旨の拒絶理由を通知する。これに対し、指定商品
　　　　　を「衛生マスク」のみに補正する必要がある。

７．動き商標について
　　動き商標である旨の記載があっても、願書に記載した商標及び商標の詳細な説明から、
願書に記載した商標が動き商標を構成するものと認められない場合には、本項柱書によ
り商標登録を受けることができる商標に該当しないと判断する。
　(1)　動き商標を構成すると認められない例
　　　　願書に記載した商標から、時間の経過に伴う標章の変化の状態が確認できない場合。

　　（解説）　一枚の図によって記載されており、指示線もないため時間の経過に伴う標
　　　　　章の変化の状態が確認できない。
　(2)　動き商標と認められる例

　願書に記載した商標から、時間の経過に伴う標章の変化の状態が確認でき、商標の詳細な説明にも、その旨を認識し得る記載がなされている場合。

（例１）　一枚の図によって記載されている例（標章が変化せず移動する例）

【商標登録を受けようとする商標】

【動き商標】

【商標の詳細な説明】

　商標登録を受けようとする商標（以下「商標」という。）は、動き商標である。

　鳥が、左下から破線の軌跡に従って、徐々に右上に移動する様子を表している。

　この動き商標は、全体として３秒間である。

　なお、図中の破線矢印は、鳥が移動する軌跡を表すための便宜的なものであり、商標を構成する要素ではない。

（例２）　異なる複数の図によって記載されている例

【商標登録を受けようとする商標】

【動き商標】

【商標の詳細な説明】

　商標登録を受けようとする商標（以下「商標」という。）は、動き商標である。

　鳥が、図１から図５にかけて翼を羽ばたかせながら、徐々に右上に移動する様子を表している。この動き商標は、全体として３秒間である。

　なお、各図の右下隅に表示されている番号は、図の順番を表したものであり、商標を構成する要素ではない。

８．ホログラム商標について

　ホログラム商標である旨の記載があっても、願書に記載した商標及び商標の詳細な説明から、願書に記載した商標がホログラム商標を構成するものと認められない場合には、本項柱書により商標登録を受けることができる商標に該当しないと判断する。

　(1)　ホログラム商標と認められない例

　　　願書に記載した商標から、ホログラフィーその他の方法による視覚効果（立体的に描写される効果、光の反射により輝いて見える効果、見る角度により別の表示面が見える効果等）による標章の変化の状態が確認できない場合。

　　　（解説）　複数の表示面を一枚の図により表しているために、見る角度の違いから別の表示面が見える効果により変化する標章の変化の前後の状態が確認できない。

　(2)　ホログラム商標と認められる例

　　　願書に記載した商標から、ホログラフィーその他の方法による視覚効果により変化する標章の変化の状態が確認でき、商標の詳細な説明にも、その旨を認識し得る記載がなされている場合。

　　　（例）　複数の表示面が表示されるホログラム商標

【商標登録を受けようとする商標】

【ホログラム商標】

【商標の詳細な説明】

　　商標登録を受けようとする商標（以下「商標」という。）は、見る角度により別の表示面が見えるホログラム商標である。

　　左側から見た場合には、図１に示すとおり、正面から見た場合には、図２に示すとおり、右側から見た場合には、図３に示すとおりである。

　　なお、商標の右下隅に表示されている番号は、図の順番を表したものであり、商標を構成する要素ではない。

９．色彩のみからなる商標について

　色彩のみからなる商標である旨の記載があっても、願書に記載した商標及び商標の詳細な説明から、願書に記載した商標が色彩のみからなる商標を構成するものと認められない場合には、本項柱書により商標登録を受けることができる商標に該当しないと判断する。

　（１）　色彩のみからなる商標と認められない例

　　（ア）　願書に記載した商標から、文字や図形等を認識させることが明らかである場合

　　（イ）　願書に記載した商標から、色彩を付する商品等における位置が特定されていると認められない場合

【商標登録を受けようとする商標】

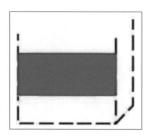

【色彩のみからなる商標】

【商標の詳細な説明】

　　商標登録を受けようとする商標（以下「商標」という。）は、色彩のみからなる商標であり、商品の包装容器の前面中央部を赤色(RGBの組合せ：R255，G０，B０)とする構成からなる。なお、破線は、商品の形状の一例を示したものであり、商標を構成する要素ではない。

【指定商品又は指定役務並びに商品及び役務の区分】

　【第５類】

　【指定商品(指定役務)】薬剤

（解説）　この場合、標章を付する対象たる包装容器を表す破線が、全体像を表していないため、標章を付する位置が定まらず、商品における位置を特定することができない。

　　　　なお、商標登録を受けようとする商標を変更する補正は、要旨変更にあたる。

（ウ）　商標の詳細な説明に、標章が色彩と図形等と結合したものであると特定させる記載がされている場合

【商標登録を受けようとする商標】

【色彩のみからなる商標】

【商標の詳細な説明】

　商標登録を受けようとする商標（以下「商標」という。）は、色彩のみからなる商標であり、赤色（RGBの組合せ：R255，G0，B0）の包丁の柄の部分の波形の形状からなる。なお、破線は、商品の形状の一例を示したものであり、商標を構成する要素ではない。

【指定商品又は指定役務並びに商品及び役務の区分】

　【第8類】

　【指定商品（指定役務）】包丁

（解説）　この場合、商標の詳細な説明に基づいて、標章は色彩と立体的形状との結合として認定される。そのため、本項柱書及び第5条第5項の要件を満たさないと判断する旨の拒絶理由を同時に通知する。これに対し、商標の詳細な説明において、標章が色彩のみからなるものであることが明確になるように、例えば、「包丁の柄の部分を赤色（RGBの組合せ：R255，G0，B0）とする構成からなる」等に補正する必要がある。

(エ)　色彩を付する位置を特定するために記載された商品等の形状が、指定商品等の形状として想定し得ない場合

【商標登録を受けようとする商標】

【色彩のみからなる商標】

【商標の詳細な説明】

　　商標登録を受けようとする商標（以下「商標」という。）は、色彩のみからなる商標であり、包丁の柄の部分を赤色（RGBの組合せ：R255，G０，B０）とする構成からなる。

【指定商品又は指定役務並びに商品及び役務の区分】

　【第８類】

　【指定商品（指定役務）】包丁，手動バリカン

　　（解説）　この場合、商品「手動バリカン」には包丁の柄の部分を想定し得ないから、本項柱書の要件を満たさないと判断する旨の拒絶理由を通知する。これに対し、指定商品を、「包丁」のみに補正をする必要がある。

(2)　色彩のみからなる商標と認められる例

(ア)　願書に記載した商標から、標章が色彩のみであることが確認でき、商標の詳細な説明にも、その旨を認識し得る記載がなされている場合

（例１）　単色

【商標登録を受けようとする商標】

【色彩のみからなる商標】

【商標の詳細な説明】

　　商標登録を受けようとする商標は、色彩のみからなる商標であり、赤色（RGBの組合せ：R255，G０，B０）のみからなるものである。

（例２）　色彩の組合せ

【商標登録を受けようとする商標】

【色彩のみからなる商標】

【商標の詳細な説明】

　　商標登録を受けようとする商標（以下「商標」という。）は、色彩の組合せからなる色彩のみからなる商標である。色彩の組合せとしては、赤色（RGBの組合せ：R255，G０，B０）、青色（RGBの組合せ：R０，G０，B255）、黄色（RGBの組合せ：R255，G255，B０）、緑色（RGBの組合せ：R０，G128，B０）であり、配色は、上から順に、赤色が商標の50パーセント、同じく青色25パーセント、黄色15パーセント、緑色10パーセントとなっている。

（イ）　商品等における位置を特定した色彩のみからなる商標について、願書に記載した商標が、商標登録を受けようとする色彩を当該色彩のみで描き、その他の部分を破線で描く等により当該色彩及びそれを付する商品等における位置が特定できるように表示してあり、商標の詳細な説明にも、その旨を認識し得る記載がなされている場合

（例１）　商品等における位置を特定する場合

【商標登録を受けようとする商標】

【色彩のみからなる商標】

【商標の詳細な説明】

　　商標登録を受けようとする商標（以下「商標」という。）は、色彩のみからなる商標であり、包丁の柄の部分を赤色（RGBの組合せ：R255，G０，B０）とする構成からなる。

　　なお、破線は、商品の形状の一例を示したものであり、商標を構成する要素ではない。

【指定商品又は指定役務並びに商品及び役務の区分】

　【第８類】

　【指定商品（指定役務）】包丁

（例２）　商品等における位置（複数）を特定する場合

【商標登録を受けようとする商標】

【色彩のみからなる商標】

【商標の詳細な説明】

　　商標登録を受けようとする商標（以下「商標」という。）は、色彩のみからなる商標であり、ゴルフクラブ用バッグのベルトの部分を赤色（RGBの組合せ：R255，G０，B０）、ポケットの正面部分を青色（RGBの組合せ：R36，G26，B240）とする構成からなる。なお、破線は、商品の形状の一例を示したものであり、商標を構成する要素ではない。

【指定商品又は指定役務並びに商品及び役務の区分】

　　【第28類】

　　【指定商品（指定役務）】ゴルフクラブ用バッグ

10.　音商標について

　　音商標である旨の記載があっても、願書に記載した商標、経済産業省令で定める物件（以下「物件」という。）及び商標の詳細な説明から、願書に記載した商標が音商標を構成するものと認められない場合には、本項柱書により商標登録を受けることができる商標に該当しないと判断する。

　（1）　音商標と認められない例

　　（ア）　願書に記載した商標に、楽曲のタイトルや作曲者名等の、音を特定するために必要な記載以外の記載がなされている場合

　　（イ）　願書に記載した商標が、商標法施行規則第４条の５に定める方法以外の方法で記載されている場合

（例１）　サウンドスペクトログラム(ソノグラム)により記載されている場合

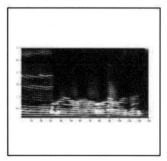

　　（注）　サウンドスペクトログラム(ソノグラム)とは、音を、音響分析装置によって周波数・振幅分布・時間の三次元で表示した記録図のこと。

（例２）　タブラチュア譜(タブ譜、奏法譜)や文字譜により記載されている場合

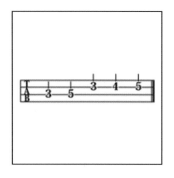

　　（注）　タブラチュア譜とは、楽器固有の奏法を文字や数字で表示した楽譜のことで、現在では、ギターの楽譜として多く用いられている。

(2)　音商標と認められる例

　　願書に記載した商標が、商標法施行規則第４条の５に規定された方法により記載され、音を特定するための次に掲げる事項の記載がなされている場合。

(ｱ)　五線譜により記載されている場合

　①　音符

　②　音部記号(ト音記号等)

　③　テンポ(メトロノーム記号や速度標語)

　④　拍子記号(４分の４拍子等)

　⑤　言語的要素(歌詞等が含まれるとき)

（例１）

（例２）

（注）　必要がある場合には、五線譜に加えて一線譜を用いて記載することができる。

25

（例３）

【商標登録を受けようとする商標】

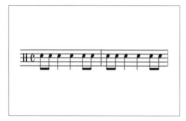

【音商標】

【商標の詳細な説明】

　　商標登録を受けようとする商標(以下「商標」という。)は音商標であり、音高の

ない打楽器であるタンバリンを使用して演奏している。

　　商標は、五線譜中の第三間を一線譜として使用して記載しているものである。

　　（注）　演奏楽器として音高のない打楽器のみを使用している場合にかぎり、五線

　　　　　譜中の一線を用いて一線譜として記載ができる。

(ｲ)　文字により記載されている場合

①　音の種類

　　擬音語又は擬態語と組み合わせる等の方法により特定して記載する(例えば、

「ニャー」という猫の鳴き声、「パンパン」と手をたたく音、「ピューピュー」と風の

吹く音、「ゴーゴー」と風の吹く音、「カチャカチャ」と機械が動く音、「ウィンウ

ィン」と機械が動く音。)。

②　その他音を特定するために必要な要素

　　音の長さ(時間)、音の回数、音の順番、音の変化等を記載する。

　　なお、音の変化とは、音量の変化、音声の強弱、音のテンポの変化等のことを

いう。

（例）

> 本商標は、「パンパン」と２回手をたたく音が聞こえた後に、「ニャオ」という猫の鳴き声が聞こえる構成となっており、全体で３秒間の長さである。

11．位置商標について

位置商標である旨の記載があっても、願書に記載した商標及び商標の詳細な説明から願書に記載した商標が位置商標を構成するものと認められない場合には、本項柱書により商標登録を受けることができる商標に該当しないと判断する。

（1）　位置商標と認められない例

（ア）　願書に記載した商標から、標章を付する位置が特定されない場合

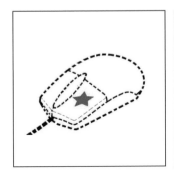 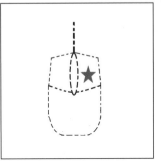

（解説）　複数示された各図において、標章（図形）の位置が異なるため、標章を付する商品中の位置を特定することができない。

(イ)　願書に記載した商標及び商標の詳細な説明に、標章が色彩のみからなると認識し得る記載がなされている場合

【商標登録を受けようとする商標】

【位置商標】

【商標の詳細な説明】

　商標登録を受けようとする商標（以下「商標」という。）は、包丁の柄の部分を<u>赤色とする構成</u>からなる。

　なお、破線は、商品の形状の一例を示したものであり、商標を構成する要素ではない。

【指定商品又は指定役務並びに商品及び役務の区分】

　【第８類】

　【指定商品（指定役務）】包丁

　（解説）　位置商標は、商標法施行規則第４条の６により、標章の要件として、「文字、図形、記号若しくは立体的形状若しくはこれらの結合又はこれらと色彩との結合に限る。」とされており、「色彩のみ」を標章とすることは認められていないため、色彩と結合する標章がいかなるものであるかを、商標の詳細な説明において明確にする必要がある。この事例においては、「包丁の柄の部分を赤色とする」との記載が、「包丁の柄の部分」に「赤色」という色彩の標章を付するものとも解釈し得るため、標章が色彩のみからなるものと認識され得る。そのため、第３条第１項柱書及び第５条第５項の要件を満たさないと判断する旨の拒絶理由を同時に通知する。この場合、商標の詳細な説明において、標章が立体的形状と色彩の組合せからなるものであることが明確になるように、例えば、「包丁の柄の部分を赤色とした立体的形状からなる」等に補正をする必要がある。

（ケ）　位置を特定するために記載された商品等の形状が、指定商品等の形状として想定し得ない場合

【商標登録を受けようとする商標】

【位置商標】

【商標の詳細な説明】

　　商標登録を受けようとする商標（以下「商標」という。）は、標章を付する位置が特定された位置商標であり、包丁の柄の側面中央部分に付された星形の図形からなる。

　　なお、破線は、商品の形状の一例を示したものであり、商標を構成する要素ではない。

【指定商品又は指定役務並びに商品及び役務の区分】

　　【第8類】

　　【指定商品（指定役務）】はさみ類，包丁類，すみつぼ類

　　（解説）　この場合、商品「はさみ類，すみつぼ類」には包丁の柄に相当する位置を特定することができないから、第3条第1項柱書の要件を満たさない旨の拒絶理由を通知する。これに対し、指定商品を「包丁類」のみに補正する必要がある。

(2) 位置商標と認められる例

　　願書に記載した商標が、標章を実線で描き、その他の部分を破線で描くことにより標章及びそれを付する商品中の位置が特定できるように表示したと認めることができ、商標の詳細な説明にも、その旨を認識し得る記載がなされている場合。

（例１）

【商標登録を受けようとする商標】

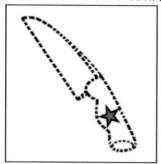

【位置商標】

【商標の詳細な説明】

　　商標登録を受けようとする商標（以下「商標」という。）は、標章を付する位置が特定された位置商標であり、包丁の柄の側面中央部分に付された星型の図形からなる。

　　なお、破線は、商品の形状の一例を示したものであり、商標を構成する要素ではない。

【指定商品又は指定役務並びに商品及び役務の区分】

　　【第８類】

　　【指定商品（指定役務）】包丁

（例２）

【商標登録を受けようとする商標】

【位置商標】

【商標の詳細な説明】

　商標登録を受けようとする商標（以下「商標」という。）は、標章を付する位置が特定された位置商標であり、ゴルフクラブ用バッグの側面下部に付された図形からなる。

　なお、破線は、商品の形状の一例を示したものであり、商標を構成する要素ではない。

【指定商品又は指定役務並びに商品及び役務の区分】

　【第28類】

　【指定商品（指定役務）】ゴルフクラブ用バッグ

三、第３条第１項第１号（商品又は役務の普通名称）

> その商品又は役務の普通名称を普通に用いられる方法で表示する標章のみからなる商標

1．「商品又は役務の普通名称」について

　取引者において、その商品又は役務の一般的な名称（略称及び俗称等を含む。）であると認識されるに至っている場合には、「商品又は役務の普通名称」に該当すると判断する。

　（例１）　一般的な名称

　　　商品「サニーレタス」について、商標「サニーレタス」

　　　商品「さんぴん茶」について、商標「さんぴん茶」

　　　商品「電子計算機」について、商標「コンピュータ」

　　　役務「美容」について、商標「美容」

　（例２）　略称

　　　商品「スマートフォン」について、商標「スマホ」

　　　商品「アルミニウム」について、商標「アルミ」

　　　商品「パーソナルコンピュータ」について、商標「パソコン」

　　　役務「損害保険の引受け」について、商標「損保」

　　　役務「航空機による輸送」について、商標「空輸」

　（例３）　俗称

　　　商品「塩」について、商標「波の花」

2．「普通に用いられる方法で表示する」について

　(1)　商品又は役務の取引の実情を考慮し、その標章の表示の書体や全体の構成等が、取引者において一般的に使用する範囲にとどまらない特殊なものである場合には、「普通に用いられる方法で表示する」には該当しないと判断する。

　　（例１）　「普通に用いられる方法で表示する」に該当する場合

　　　　取引者において一般的に使用されている書体及び構成で表示するもの

　　（例２）　「普通に用いられる方法で表示する」に該当しない場合

　　　　取引者において一般的に使用する範囲にとどまらない特殊なレタリングを施して表示するもの又は特殊な構成で表示するもの

(2)　文字の表示方法について

(ｱ)　商品又は役務の普通名称をローマ字又は仮名文字で表示するものは、「普通に用いられる方法で表示する」ものに該当すると判断する。

(ｲ)　取引者において一般的に使用されていない漢字(当て字)で表示するものは「普通に用いられる方法で表示する」に該当しないと判断する。

３．本号に該当する場合の品種登録を受けた品種の名称について

　品種登録を受けた品種の名称については、この基準第３の十二(第４条第１項第14号)の３．参照。

四、第３条第１項第２号(慣用商標)

> その商品又は役務について慣用されている商標

１．「商品又は役務について慣用されている商標」について

「商品又は役務について慣用されている商標」とは、同業者間において一般的に使用されるに至った結果、自己の商品又は役務と他人の商品又は役務とを識別することができなくなった商標をいう。

　(例１)　文字や図形等からなる商標

　　商品「自動車の部品、付属品」について、商標「純正」、「純正部品」

　　商品「清酒」について、商標「正宗」

　　商品「カステラ」について、商標「オランダ船の図形」

　　商品「あられ」について、商標「かきやま」

　　役務「宿泊施設の提供」について、商標「観光ホテル」

　(例２)　色彩のみからなる商標

　　役務「婚礼の執行」について、商標「赤色及び白色の組合せの色彩」

　　役務「葬儀の執行」について、商標「黒色及び白色の組合せの色彩」

　(例３)　音商標

　　商品「焼き芋」について、商標「石焼き芋の売り声」

　　役務「屋台における中華そばの提供」について、商標「夜鳴きそばのチャルメラの音」

五、第３条第１項第３号(商品の産地、販売地、品質その他の特徴等の表示又は役務の提供の場所、質その他の特徴等の表示)

> その商品の産地、販売地、品質、原材料、効能、用途、形状(包装の形状を含む。第二十六条第一項第二号及び第三号において同じ。)、生産若しくは使用の方法若しくは時期その他の特徴、数量若しくは価格又はその役務の提供の場所、質、提供の用に供する物、効能、用途、態様、提供の方法若しくは時期その他の特徴、数量若しくは価格を普通に用いられる方法で表示する標章のみからなる商標

１．「商品の産地、販売地、品質、原材料、効能、用途、形状(包装の形状を含む。第二十六条第一項第二号及び第三号において同じ。)、生産若しくは使用の方法若しくは時期その他の特徴、数量若しくは価格又はその役務の提供の場所、質、提供の用に供する物、効能、用途、態様、提供の方法若しくは時期その他の特徴、数量若しくは価格」(以下「商品又は役務の特徴等」という。) について

　商標が、その指定商品又は指定役務に使用されたときに、取引者又は需要者が商品又は役務の特徴等を表示するものと一般に認識する場合、本号に該当すると判断する。

　一般に認識する場合とは、商標が商品又は役務の特徴等を表示するものとして、現実に用いられていることを要するものではない。

(1)　商標が、「コクナール」、「スグレータ」、「とーくべつ」、「うまーい」、「早ーい」等のように長音符号を用いて表示されている場合で、長音符号を除いて考察して、商品又は役務の特徴等を表示するものと認められるときは、原則として、商品又は役務の特徴等を表示するものと判断する。

(2)　商標が、商品又は役務の特徴等を間接的に表示する場合は、商品又は役務の特徴等を表示するものではないと判断する。

(3)　商標が、図形又は立体的形状をもって商品又は役務の特徴等を表示する場合は、商品又は役務の特徴等を表示するものと判断する。

２．商品の「産地」、「販売地」、役務の「提供の場所」について

(1)　商標が、国内外の地理的名称(国家、旧国家、首都、地方、行政区画(都道府県、市町村、特別区等)、州、州都、郡、省、省都、旧国、旧地域、繁華街、観光地(その所在地又は周辺地域を含む。)、湖沼、山岳、河川、公園等を表す名称又はそれらを表す地図)からなる場合、取引者又は需要者が、その地理的名称の表示する土地において、指定商品が生産され若しくは販売され又は指定役務が提供されているであろうと一般に認識するときは、商品の「産地」若しくは「販売地」又は役務の「提供の場所」

に該当すると判断する。

(2) 商標が、国家名(国家名の略称、現存する国の旧国家名を含む。)、その他著名な国内外の地理的名称からなる場合は、商品の「産地」若しくは「販売地」又は役務の「提供の場所」に該当すると判断する。

3. 商品の「品質」、役務の「質」について

(1) 商品等又は役務の提供の用に供する物の内容について

商品等の内容を認識させる商標が商品の「品質」、役務の「質」の表示と判断される場合

商標が、指定商品又は指定役務の提供の用に供する物の内容を表示するものか否かについては、次のとおり判断する。

(ア) 「書籍」、「電子出版物」、映像が記録された「フィルム」、「録音済みの磁気テープ」、「録音済みのコンパクトディスク」、「レコード」等の商品について、商標が、著作物の分類・種別等の一定の内容を明らかに認識させるものと認められる場合には、商品の「品質」を表示するものと判断する。

(例) 商品「書籍」について、商標「商標法」、「小説集」

商品「録音済みのコンパクトディスク」について、商標「クラシック音楽」

(イ) 「放送番組の制作」、「放送番組の配給」の役務について、商標が、提供する役務たる放送番組の分類・種別等の一定の内容を明らかに認識させるものと認められる場合には、役務の「質」を表示するものと判断する。

(例) 役務「放送番組の制作」について、商標「ニュース」、「音楽番組」、「バラエティ」

(ウ) 「映写フィルムの貸与」、「録画済み磁気テープの貸与」、「録音済み磁気テープの貸与」、「録音済みコンパクトディスクの貸与」、「レコードの貸与」等の役務について、商標が、その役務の提供を受ける者の利用に供する物(映写フィルム、録画済みの磁気テープ、録音済みの磁気テープ、録音済みのコンパクトディスク、レコード等)の分類・種別等の一定の内容を明らかに認識させるものと認められる場合は、役務の「質」を表示するものと判断する。

(例) 役務「録音済みコンパクトディスクの貸与」について、商標「日本民謡集」

役務「映写フィルムの貸与」について、商標「サスペンス」

(エ) 「書籍」、「放送番組の制作」等の商品又は役務について、商標が、需要者に題号又は放送番組名(以下「題号等」という。)として認識され、かつ、当該題号等が特定の内容を認識させるものと認められる場合には、商品等の内容を認識させるものと

して、商品の「品質」又は役務の「質」を表示するものと判断する。題号等として認識されるかは、需要者に題号等として広く認識されているかにより判断し、題号等が特定の内容を認識させるかは、取引の実情を考慮して判断する。

　例えば、次の①②の事情は、商品の「品質」又は役務の「質」を表示するものではないと判断する要素とする。

①　一定期間にわたり定期的に異なる内容の作品が制作されていること

②　当該題号等に用いられる標章が、出所識別標識としても使用されていること

(オ)　新聞、雑誌等の「定期刊行物」の商品については、商標が、需要者に題号として広く認識されていても、当該題号は特定の内容を認識させないため、本号には該当しないと判断する。

(2)　人名等の場合

　商標が、人名等を表示する場合については、例えば次のとおりとする。

(ア)　商品「録音済みの磁気テープ」、「録音済みのコンパクトディスク」、「レコード」について、商標が、需要者に歌手名又は音楽グループ名として広く認識されている場合には、その商品の「品質」を表示するものと判断する。

(3)　「飲食物の提供」に係る役務との関係において、商標が、国家名、その他の地理的名称であり、特定の料理(フランス料理、イタリア料理、北京料理等)を表示するものと認められるときは、その役務の「質」を表示するものと判断する。

(4)　本号に該当する場合の品種登録を受けた品種の名称について

　品種登録を受けた品種の名称については、この基準第3の十二(第4条第1項第14号)2．及び3．参照。

4．商品の「形状」、役務の「提供の用に供する物」について

(1)　商標が、指定商品の形状(指定商品の包装の形状を含む。)又は指定役務の提供の用に供する物の形状そのものの範囲を出ないと認識されるにすぎない場合は、その商品の「形状」又はその役務の「提供の用に供する物」を表示するものと判断する。

　また、商標が指定商品(指定商品の包装を含む。)又は指定役務の提供の用に供する物そのものの形状の一部と認識される場合についても同様に取り扱う。

　なお、商標が、商品等の形状そのものの範囲を出ないと認識されるにすぎないかを審査するに当たっては、次のとおり判断する。

(ア)　立体的形状が、商品等の機能又は美感に資する目的のために採用されたものと認められる場合は、特段の事情のない限り、商品等の形状そのものの範囲を出ないものと判断する。

　（ｲ）　立体的形状が、通常の形状より変更され又は装飾が施される等により特徴を有
　　していたとしても、需要者において、機能又は美感上の理由による形状の変更又
　　は装飾等と予測し得る範囲のものであれば、その立体的形状は、商品等の機能又
　　は美感に資する目的のために採用されたものと認められ、特段の事情のない限り、
　　商品等の形状そのものの範囲を出ないものと判断する。

（２）　建築、不動産業等の建築物を取り扱う役務を指定役務とする場合に、商標が立体
　　商標であり、その形状が建築物の形状（内装の形状を含む。）そのものの範囲を出な
　　いと認識されるにすぎないときは、その役務の「提供の用に供する物」を表示するもの
　　と判断する。

（３）　小売等役務に該当する役務において、商標がその取扱商品を表示する標章と認め
　　られるときは、その役務の「提供の用に供する物」を表示するものと判断する。

５．「普通に用いられる方法で表示する」について

　商品又は役務の取引の実情を考慮し、その標章の表示の書体や全体の構成等が、取引
者において一般的に使用する範囲にとどまらない特殊なものである場合には、「普通に用
いられる方法で表示する」には該当しないと判断する。

（例１）　「普通に用いられる方法で表示する」に該当する場合

　　　取引者において一般的に使用されている書体及び構成で表示するもの

（例２）　「普通に用いられる方法で表示する」に該当しない場合

　　　取引者において一般的に使用する範囲にとどまらない特殊なレタリングを施して
　　　表示するもの又は特殊な構成で表示するもの

６．「のみからなる」について

　商品又は役務の特徴等を表示する２以上の標章からなる商標については、原則として、
本号に該当すると判断する。

７．商品又は役務の特徴に該当する色彩のみからなる商標について

　商品等が通常有する色彩のみからなる商標については、原則として、本号に該当する
と判断する。

（１）　商品が通常有する色彩

　（ｱ）　商品の性質上、自然発生的な色彩

　　（例）　商品「木炭」について、「黒色」

　（ｲ）　商品の機能を確保するために通常使用される又は不可欠な色彩

（例）　商品「自動車用タイヤ」について、「黒色」

(ｳ)　その市場において商品の魅力の向上に通常使用される色彩

（例）　商品「携帯電話機」について、「シルバー」

(ｴ)　その市場において商品に通常使用されてはいないが、使用され得る色彩

（例）　商品「冷蔵庫」について、「黄色」

(ｵ)　色模様や背景色として使用され得る色彩

（例）　商品「コップ」について、「縦のストライプからなる黄色、緑色、赤色」

8．商品又は役務の特徴に該当する音商標について

　　商品が通常発する音又は役務の提供にあたり通常発する音を普通に用いられる方法で表示する標章のみからなる商標については、原則として、本号に該当すると判断する。

(1)　商品が通常発する音

(ｱ)　商品から自然発生する音

（例）　商品「炭酸飲料」について、「『シュワシュワ』という泡のはじける音」

(ｲ)　商品の機能を確保するために通常使用される又は不可欠な音

（例）　商品「目覚まし時計」について、「『ピピピ』というアラーム音」

　　　なお、商品「目覚まし時計」について、目を覚ますという機能を確保するために電子的に付加されたアラーム音で、「ピピピ」という極めてありふれたものや、メロディーが流れるようなものであっても、アラーム音として通常使用されるものである限り、これに該当すると判断する。

(2)　役務の提供にあたり通常発する音

(ｱ)　役務の性質上、自然発生する音

（例）　役務「焼き肉の提供」について、「『ジュー』という肉が焼ける音」

(ｲ)　役務の提供にあたり通常使用される又は不可欠な音

（例）　役務「ボクシングの興行の開催」について、「『カーン』というゴングを鳴らす音」

六、第３条第１項第４号（ありふれた氏又は名称）

> ありふれた氏又は名称を普通に用いられる方法で表示する標章のみからなる商標

１．「ありふれた氏又は名称」について

 (1) 「ありふれた氏又は名称」とは、原則として、同種の氏又は名称が多数存在するものをいう。

 (2) 著名な地理的名称、ありふれた氏、業種名等やこれらを結合したものに、商号や屋号に慣用的に付される文字や会社等の種類名を表す文字等を結合したものは、原則として、「ありふれた名称」に該当すると判断する。

 ただし、国家名又は行政区画名に業種名が結合したものに、更に会社の種類名を表す文字を結合してなるものについては、他に同一のものが現存しないと認められるときは、この限りでない。

 (ｱ) 著名な地理的名称について

 例えば、次のようなものが著名な地理的名称に該当する。

 (例) 「日本」、「東京」、「薩摩」、「フランス」等

 (ｲ) 業種名について

 例えば、次のようなものが業種名に該当する。

 (例) 「工業」、「製薬」、「製菓」、「放送」、「運輸」、「生命保険」等

 (ｳ) 商号や屋号に慣用的に付される文字や会社等の種類名について

 例えば、下記①及び②が商号や屋号に慣用的に付される文字や会社等の種類名に該当する。

 ① 商号や屋号に慣用的に付される文字

 「商店」、「商会」、「屋」、「家」、「社」、「堂」、「舎」、「洋行」、「協会」、「研究所」、「製作所」、「会」、「研究会」等

 ② 会社等の種類名を表す文字

 「株式会社」、「有限会社」、「相互会社」、「一般社団法人」、「K.K.」、「Co.」、「Co., Ltd.」、「Ltd.」等

２．「普通に用いられる方法で表示する」について

 (1) 商品又は役務の取引の実情を考慮し、その標章の表示の書体や全体の構成等が、取引者において一般的に使用する範囲にとどまらない特殊なものである場合には、「普通に用いられる方法で表示する」には該当しないと判断する。

（例１）「普通に用いられる方法で表示する」に該当する場合

　　取引者において一般的に使用されている書体及び構成で表示するもの

（例２）「普通に用いられる方法で表示する」に該当しない場合

　　取引者において一般的に使用する範囲にとどまらない特殊なレタリングを施して表示するもの又は特殊な構成で表示するもの

(2)　文字の表示方法について

　(ｱ)　ありふれた氏又は名称をローマ字又は仮名文字で表示するものは、「普通に用いられる方法で表示する」ものに該当すると判断する。

　(ｲ)　取引者において一般的に使用されていない漢字(当て字)で表示するものは「普通に用いられる方法で表示する」に該当しないと判断する。

七、第３条第１項第５号（極めて簡単で、かつ、ありふれた標章）

> 極めて簡単で、かつ、ありふれた標章のみからなる商標

１．「極めて簡単」について

「極めて簡単」な標章とは、その構成が極めて簡単なものをいう。

２．「ありふれた」について

「ありふれた」標章とは、当該標章が一般的に使用されているものをいう。一般的に使用されていると認められるためには、必ずしも特定の商品又は役務を取り扱う分野において使用されていることを要しない。

（「ありふれた」に該当する例）

① 商品の品番、型番、種別、型式、規格等又は役務の種別、等級等を表した記号又は符号（以下「商品又は役務の記号又は符号」という。）として、一般的に使用されるもの

② 輪郭として、一般的に使用されるもの

３．「極めて簡単で、かつ、ありふれた標章」について

(1) 「極めて簡単で、かつ、ありふれた標章」に該当するものとは、例えば、次のものをいう。

(ｱ) 数字について

数字は、原則として、「極めて簡単で、かつ、ありふれた標章」に該当する。

(ｲ) ローマ字について

① ローマ字の１字又は２字からなるもの

② ローマ字の２字を「−」で連結したもの

③ ローマ字の１字又は２字に「Co.」、「Ltd.」又は「K.K.」を付したもの

ただし、「Co.」、「Ltd.」又は「K.K.」が、それぞれ「Company」、「Limited」又は「株式会社」を意味するものと認められる場合に限る。

(ｳ) 仮名文字について

① 仮名文字（変体仮名を含む。）１字

② 仮名文字のうち、ローマ字の１字の音を表示したものと認識されるもの

③ 仮名文字のうち、ローマ字の２字の音を表示したものと認識されるもののうち、そのローマ字が商品又は役務の記号又は符号として一般的に使用されるもの

④　仮名文字のうち、1桁又は2桁の数字から生ずる音を表示したものと認識されるもの

　　（例）　「トウエルブ」、「じゅうに」

⑤　仮名文字のうち、3桁の数字から通常生ずる音を表示したものと認識されるもの

　　（例）　ファイブハンドレッドアンドテン

(エ)　ローマ字又は数字から生ずる音を併記したものについて

①　ローマ字の1字に、その音を仮名文字で併記したもの

②　1桁又は2桁の数字に、それから生ずる音を併記したもの

(オ)　ローマ字と数字を組み合わせたものについて

①　ローマ字の1字又は2字の次に数字を組み合わせたもの

　　（例）　A2、AB2

②　数字の次にローマ字の1字又は2字を組み合わせたもの

　　（例）　2A

③　①の次に更にローマ字を組み合わせたもの及び②の次に更に数字を組み合わせたものであり、かつ、ローマ字が2字以下により構成されるもの

　　（例）　A2B、2A5

　　ただし、③については、その組み合わせ方が、指定商品又は指定役務を取り扱う業界において商品又は役務の記号又は符号として一般的に使用されるものに限る。

(カ)　図形について

　　1本の直線、波線、輪郭として一般的に用いられる△、□、○、◇、※、♡、盾等の図形

(キ)　立体的形状について

　　球、立方体、直方体、円柱、三角柱等の立体的形状

(ク)　簡単な輪郭内に記したものについて

　　簡単な輪郭内に、(ア)から(オ)までに該当するものを記したものは、原則として、「極めて簡単で、かつ、ありふれた標章」に該当すると判断する。

(2)　「極めて簡単で、かつ、ありふれた標章」に該当しないものとは、例えば、次のようなものをいう。

(ア)　ローマ字の2字を「&」で連結したもの

(イ)　ローマ字の2字を、例えば、✿のように、モノグラムで表示したもの

(ウ)　仮名文字のうち、ローマ字の2字の音を表示したものと認識されるものは、原

則として、「極めて簡単で、かつ、ありふれた標章」に該当しないと判断する。

(エ)　仮名文字のうち、３桁の数字から生ずる音を表示したものと認識されるが、通常生ずる音とは認められないもの

(例)　ファイブテン

(オ)　特殊な態様で表されたもの

４．音商標について

単音やこれに準ずる極めて短い音については、原則として、本号に該当すると判断する。

八、第3条第1項第6号（前号までのほか、識別力のないもの）

前各号に掲げるもののほか、需要者が何人かの業務に係る商品又は役務であることを認識することができない商標

1．本項第1号から第5号までに該当しないものであっても、一般に使用され得る標章であって、識別力がない場合には、本号に該当すると判断する。例えば、以下の2．から11．までに挙げるものについて、本号に該当すると判断する。

2．指定商品若しくは指定役務の宣伝広告、又は指定商品若しくは指定役務との直接的な関連性は弱いものの企業理念・経営方針等を表示する標章のみからなる商標について

(1)　出願商標が、その商品若しくは役務の宣伝広告又は企業理念・経営方針等を普通に用いられる方法で表示したものとしてのみ認識させる場合には、本号に該当すると判断する。

　　出願商標が、その商品若しくは役務の宣伝広告又は企業理念・経営方針等としてのみならず、造語等としても認識できる場合には、本号に該当しないと判断する。

(2)　出願商標が、その商品又は役務の宣伝広告としてのみ認識されるか否かは、全体から生じる観念と指定商品又は指定役務との関連性、指定商品又は指定役務の取引の実情、商標の構成及び態様等を総合的に勘案して判断する。

(ア)　商品又は役務の宣伝広告を表示したものとしてのみ認識させる事情

　（例）

　　①　指定商品又は指定役務の説明を表すこと

　　②　指定商品又は指定役務の特性や優位性を表すこと

　　③　指定商品又は指定役務の品質、特徴を簡潔に表すこと

　　④　商品又は役務の宣伝広告に一般的に使用される語句からなること（ただし、指定商品又は指定役務の宣伝広告に実際に使用されている例があることは要しない）

(イ)　商品又は役務の宣伝広告以外を認識させる事情

　（例）

　　①　指定商品又は指定役務との関係で直接的、具体的な意味合いが認められないこと

　　②　出願人が出願商標を一定期間自他商品・役務識別標識として使用しているのに対し、第三者が出願商標と同一又は類似の語句を宣伝広告として使用してい

　　　　ないこと

(3)　出願商標が、企業理念・経営方針等としてのみ認識されるか否かは、全体から生
　　ずる観念、取引の実情、全体の構成及び態様等を総合的に勘案して判断する。

　(ア)　企業理念・経営方針等としてのみ認識させる事情

　　（例）

　　　①　企業の特性や優位性を記述すること

　　　②　企業理念・経営方針等を表す際に一般的に使用される語句で記述しているこ
　　　　と

　(イ)　企業理念・経営方針等以外を認識させる事情

　　（例）

　　　①　出願人が出願商標を一定期間自他商品・役務識別標識として使用しているの
　　　　に対し、第三者が出願商標と同一又は類似の語句を企業理念・経営方針等を表
　　　　すものとして使用していないこと

３．単位等を表示する商標について

　商標が、指定商品又は指定役務との関係から、商慣習上数量を表示する場合に一般的
に用いられる表記（「メートル」、「グラム」、「Net」、「Gross」等）として認識される場合は、
本号に該当すると判断する。

４．元号を表示する商標について

　商標が、元号として認識されるにすぎない場合は、本号に該当すると判断する。

　元号として認識されるにすぎない場合の判断にあたっては、例えば、当該元号が会社
の創立時期、商品の製造時期、役務の提供の時期を表示するものとして一般的に用いら
れていることを考慮する。

５．国内外の地理的名称を表示する商標について

　商標が、事業者の設立地・事業所の所在地、指定商品の仕向地・一時保管地若しくは
指定役務の提供に際する立ち寄り地（港・空港等）等を表す国内外の地理的名称として認
識される場合は、本号に該当すると判断する。

６．取扱商品の産地等を表示する商標について

(1)　小売等役務に該当する役務において、商標が、その取扱商品の産地、品質、原材
　　料、効能、用途、形状（包装の形状を含む。）、生産若しくは使用の方法若しくは時期

その他の特徴、数量若しくは価格を表示するものと認識される場合は、本号に該当すると判断する。

(2)　本号に該当する場合の品種登録を受けた品種の名称

　　品種登録を受けた品種の名称については、この基準第３の十二（第４条第１項第14号）２．及び３．参照。

７．地模様からなる商標について

　商標が、模様的に連続反復する図形等により構成されているため、単なる地模様として認識される場合には、本号に該当すると判断する。

　ただし、地模様と認識される場合であっても、その構成において特徴的な形態が見いだされる等の事情があれば、本号の判断において考慮する。

８．店舗、事務所、事業所及び施設（以下「店舗等」という。）の形状からなる商標について

　立体商標について、商標が、指定商品又は指定役務を取り扱う店舗等（建築物に該当しないものを含む。例えば、移動販売車両、観光車両、旅客機、客船）の形状（内装の形状を含む。以下同じ。）にすぎないと認識される場合（第３条第１項第３号に該当するものを除く。）は、本号に該当すると判断する。

　なお、商標が、指定商品又は指定役務を取り扱う店舗等の形状にすぎないと認識されるかを判断するに当たっては、この基準第１の五（第３条第１項第３号）４．(1)(ｱ)及び(ｲ)を準用する。

９．店名として多数使用されている商標について

　商標が、指定役務において店名として多数使用されていることが明らかな場合（「スナック」、「喫茶」等の業種を表す文字を付加結合したもの又は当該店名から業種をあらわす文字を除いたものを含む。）は、本号に該当すると判断する。

　（例）

①　指定役務「アルコール飲料を主とする飲食物の提供」について、商標「さくら」、「愛」、「純」、「ゆき」、「ひまわり」、「蘭」

②　指定役務「茶又はコーヒーを主とする飲食物の提供」について、商標「オリーブ」、「フレンド」、「ひまわり」、「たんぽぽ」

10. 色彩のみからなる商標について

　色彩のみからなる商標は、第3条第1項第2号及び第3号に該当するもの以外は、原則として、本号に該当すると判断する。

（該当する例）

　役務の提供の用に供する物が通常有する色彩

11. 音商標について

　(1)　音商標を構成する音の要素（音楽的要素及び自然音等）及び言語的要素（歌詞等）を総合して、商標全体として考察し、判断する。

　(2)　言語的要素が本号に該当しない場合には、商標全体としても本号に該当しないと判断する。

　(3)　音の要素が本号に該当しない場合には、商標全体としても本号に該当しないものと判断する。

　　　例えば、次のような音の要素のみからなる音商標については、需要者に自他商品・役務の識別標識として認識されないため、原則として、本号に該当すると判断する。

　　(ア)　自然音を認識させる音

　　　　自然音には、風の吹く音や雷の鳴る音のような自然界に存在する音のみならず、それに似せた音、人工的であっても自然界に存在するように似せた音も含まれる。

　　(イ)　需要者にクラシック音楽、歌謡曲、オリジナル曲等の楽曲としてのみ認識される音

　　　（例）　CM等の広告において、BGMとして流されるような楽曲

　　(ウ)　商品の機能を確保するために又は役務の提供にあたり、通常使用されずまた不可欠でもないが、商品又は役務の魅力を向上させるにすぎない音

　　　（例）　商品「子供靴」について、「歩くたびに鳴る『ピヨピヨ』という音」

　　(エ)　広告等において、需要者の注意を喚起したり、印象付けたり、効果音として使用される音

　　　（例）　商品「焼肉のたれ」の広告における「ビールを注ぐ『コポコポ』という効果音」

　　　（例）　テレビCMの最後に流れる「『ポーン』という需要者の注意を喚起する音」

　　(オ)　役務の提供の用に供する物が発する音

　　　（例）　役務「車両による輸送」について、「車両の発するエンジン音」

　　　（例）　役務「コーヒーの提供」について、「コーヒー豆をひく音」

12. 上記1.から11.までに掲げる商標においても、使用をされた結果需要者が何人か

の業務に係る商品又は役務であることを認識することができるに至っているものについ
ては、本号に該当しないと判断する。

第2　第3条第2項

（使用による識別性）

　前項第三号から第五号までに該当する商標であつても、使用をされた結果需要者が何人かの業務に係る商品又は役務であることを認識することができるものについては、同項の規定にかかわらず、商標登録を受けることができる。

1．商標の「使用」について

（1）商標について

　　出願商標と使用商標とが外観において異なる場合は、出願商標を使用しているとは認めない。

　　ただし、出願商標と使用商標とが外観上厳密には一致しない場合であっても、外観上の差異の程度や指定商品又は指定役務における取引の実情を考慮して、商標としての同一性を損なわないものと認められるときは出願商標を使用しているものと認める。

（例1）同一性が認められる場合

　①　出願商標と使用商標が文字の表記方法として縦書きと横書きの違いがあるにすぎない場合

　②　出願商標と使用商標が共に一般的に用いられる字体であり、取引者又は需要者の注意をひく特徴を有せず、両者の字体が近似している場合

（例2）同一性が認められない場合

　①　出願商標が草書体の漢字であるのに対し、使用商標が楷書体又は行書体の漢字である場合

　②　出願商標が平仮名であるのに対し、使用商標が片仮名、漢字又はローマ字である場合

　③　出願商標がアラビア数字であるのに対し、使用商標が漢数字である場合

　④　出願商標が Ⓟ のような態様であるのに対し、使用商標が P 、 ⚠ 、 Ⓟ である場合

　⑤　出願商標が平面商標であるのに対し使用商標が立体商標である場合

（2）商品又は役務について

　　出願商標の指定商品又は指定役務と使用商標の使用する商品又は役務とが異なる場合には、指定商品又は指定役務について出願商標を使用しているとは認めない。

　　ただし、指定商品又は指定役務と使用する商品又は役務とが厳密には一致しない場合であっても、取引の実情を考慮して、指定商品又は指定役務と使用する商品又は役務の同一性が損なわれないと認められるときは、指定商品又は指定役務について出願商標を使用しているものと認める。

2．「需要者が何人かの業務に係る商品又は役務であることを認識することができるもの」について

　(1)　需要者の認識について

　　　「需要者が何人かの業務に係る商品又は役務であることを認識することができるもの」とは、何人かの出所表示として、その商品又は役務の需要者の間で全国的に認識されているものをいう。

　(2)　考慮事由について

　　　本項に該当するか否かは、例えば、次のような事実を総合勘案して判断する。

　　　なお、商標の使用状況に関する事実については、その性質等を実質的に把握し、それによってその商標の需要者の認識の程度を推定する。

　　①　出願商標の構成及び態様

　　②　商標の使用態様、使用数量(生産数、販売数等)、使用期間及び使用地域

　　③　広告宣伝の方法、期間、地域及び規模

　　④　出願人以外(団体商標の商標登録出願の場合は「出願人又はその構成員以外」とする。)の者による出願商標と同一又は類似する標章の使用の有無及び使用状況

　　⑤　商品又は役務の性質その他の取引の実情

　　⑥　需要者の商標の認識度を調査したアンケートの結果

　(3)　証拠方法について

　　　本項に該当するか否かの事実は、例えば、次のような証拠により立証する。

　　①　商標の実際の使用状況を写した写真又は動画等

　　②　取引書類(注文伝票(発注書)、出荷伝票、納入伝票(納品書及び受領書)、請求書、領収書又は商業帳簿等)

　　③　出願人による広告物(新聞、雑誌、カタログ、ちらし、テレビＣＭ等)及びその実績が分かる証拠物

　　④　出願商標に関する出願人以外の者による紹介記事(一般紙、業界紙、雑誌又はインターネットの記事等)

　　⑤　需要者を対象とした出願商標の認識度調査(アンケート)の結果報告書(ただし、実施者、実施方法、対象者等作成における公平性及び中立性について十分に考慮す

る。）
(4)　商標を他の商標と組み合わせている場合について

　　出願商標を他の商標と組み合わせて使用している場合は、出願商標部分のみで独立して識別力を有するに至っているかを判断する。

(5)　団体商標について

　　団体商標については、特に、その構成員の使用に関する２．(2)の事実を勘案する。なお、構成員の使用事実に関する立証については、その者が構成員であることを立証されているか否かを含めて判断する。

(6)　小売等役務の商標について

　　小売等役務の商標については、商標が商品や商品の包装、商品の価格表、取引書類、広告自体に表示されている場合には、その表示態様に応じて、商標が個別具体的な商品の出所を表示しているのか、又は、取扱商品に係る小売等役務の出所を表示しているのかを考察し、小売等役務についての使用であるか否かを判断する。

３．立体商標について
(1)　本項の適用が認められる例

　　使用商標中に、出願商標以外の標章が含まれているが、出願商標部分が独立して自他商品・役務の識別標識として認識されると認められる場合。

　(例)

　　①　出願商標が立体的形状のみであり、使用商標として同一の立体的形状に文字が付された写真が提出されたが、当該立体的形状部分が、需要者に強い印象を与え、独立して自他商品・役務の識別標識として認識される場合。

　　②　出願商標と使用商標の立体的形状の特徴的部分が同一であり、当該特徴的部分以外の部分にわずかな違いが見られるにすぎない場合であって、当該特徴的部分が独立して自他商品・役務の識別標識として認識される場合。

(2)　本項の適用が認められない例

　　使用商標が、出願商標と相違する場合（標章の相違）。

　(例)

　　①　出願商標と使用商標の立体的形状に大きな違いが見られる場合。

　　②　出願商標が立体商標であるのに対し、使用商標が平面商標である場合。

　(注)　商標に係る標章を実線で描き、その他の部分を破線で描く等の記載方法を用いた出願商標と使用商標との同一性の判断において、標章の位置を特定するために出

　　願商標に係るその他の部分を考慮する位置商標と異なり、立体商標については、出
　　願商標に係るその他の部分は考慮しない。

4．動き商標について
　(1)　本項の適用が認められる例
　　　使用商標中に、出願商標の構成要素以外の要素が含まれているが、出願商標部分の
　　みが独立して自他商品・役務の識別標識として認識されると認められる場合。
　　(例)　使用商標として動き商標がテレビCM全体の一部についてのみに使用されて
　　　いる動画が提出されたが、出願商標と同一の部分が需要者に強い印象を与え、独立
　　　して自他商品・役務の識別標識として認識される場合。
　(2)　本項の適用が認められない例
　　①　使用商標が、出願商標と相違する場合(標章の相違、時間の経過に伴う標章の変
　　　化の状態の相違等)。
　　②　使用商標中に、出願商標の構成要素以外の要素が含まれている場合であって、出
　　　願商標部分のみが、自他商品・役務の識別標識として認識されることはないと認め
　　　られる場合。
　　　(例)
　　　　・出願商標

　　　　・使用商標

5．ホログラム商標について
　(1)　本項の適用が認められる例
　　　使用商標中に、出願商標以外の標章が含まれているが、出願商標部分のみが独立し
　　て自他商品・役務の識別標識として認識されると認められる場合。

（例）　使用商標としてホログラム商標が一部に付されたクレジットカードが提出さ
れたが、出願商標と同一の部分が需要者に強い印象を与え、独立して自他商品・役
務の識別標識として認識される場合。
(2)　本項の適用が認められない例
　使用商標が、出願商標と相違する場合（標章の相違、ホログラフィーその他の方法
による標章の変化の状態（視覚効果）の相違等）。

6．色彩のみからなる商標について
(1)　本項の適用が認められる例
　使用商標中に、出願商標以外の標章が含まれているが、出願商標部分のみが独立し
て自他商品・役務の識別標識として認識されると認められる場合。
（例）　使用商標として筆箱の全面が青色であり、その蓋に一つの小さな丸の図形が記
載された証拠資料が提出されたが、出願商標と同一の色彩である青色が需要者に強
い印象を与え、独立して自他商品の識別標識として認識される場合。
(2)　本項の適用が認められない例
①　使用商標と出願商標の色相（色合い）、彩度（色の鮮やかさ）や明度（色の明るさ）
が全部又は一部異なる場合。
②　色彩を組み合わせてなる出願商標と使用商標の配色の割合が異なる場合。
③　出願商標と使用商標の商品における色彩の位置が異なる場合。

7．音商標について
(1)　同一の音商標であると需要者が認識する場合
　出願商標が音商標であって、出願商標と使用商標が厳密には同一ではない場合であ
っても、同一の音商標であると需要者が認識し得るときには、出願商標と使用商標は
同一のものと判断する。
　同一の音商標であると需要者が認識し得るか否かの判断にあたっては、以下につい
て考慮する。
①　音商標を構成する音の要素が同一か否か。音の要素とは、音楽的要素（メロディ
ー、ハーモニー、リズム又はテンポ、音色等）及び自然音等をいう。
　音楽的要素からなる音商標について同一のものであると需要者が認識し得ると
判断するためには、少なくともメロディーが同一であることを要する。なお、メロ
ディーが同一であっても、リズム、テンポ又はハーモニーが異なる場合には、需要
者の受ける印象が異なる場合が多いため、十分に考慮する。

また、音色が違う場合、例えば、演奏楽器が違う場合であっても、音色が近似するときには、同一の音商標であると需要者が認識することが多いと考えられるため、十分に考慮する。

(例)　出願商標がバイオリンで演奏されたものであり、使用商標がビオラで演奏されたものである場合は、双方の楽器の音色は近似すると考えられることから、同一の音商標であると需要者が認識し得ると判断する。

②　音商標を構成する言語的要素(歌詞等)が同一か否か。

(2)　本項の適用が認められる例

出願商標が使用商標の一部に含まれている場合(使用商標中に、出願商標以外の標章が含まれている場合)であって、出願商標が独立して自他商品・役務の識別標識として認識するものと認められるとき。

(例)　出願商標が数秒のサウンドロゴであり、使用商標としてCM全体を収録した動画が提出されたが、当該サウンドロゴがCMの最後に流れることにより、需要者に強い印象を与え、独立して自他商品・役務の識別標識として認識される場合。

(3)　本項の適用が認められない例

①　メロディーが同一であっても、リズム、テンポ又はハーモニーが異なることにより、商標全体から需要者の受ける印象が大きく異なる場合。

②　出願商標がバイオリンで演奏されたものであり、使用商標がピアノやオーケストラで演奏されたものである場合等、音色や商標全体から受ける印象が大きく異なる場合。

③　使用商標として提出された資料において、出願商標の音以外の要素(文字、図形、他の音等)を含むことから出願商標の音が独立して自他商品・役務の識別標識として認識されない場合。

8．位置商標について

(1)　本項の適用が認められる例

使用商標中に、出願商標以外の標章が含まれているが、出願商標部分のみが独立して自他商品・役務の識別標識として認識されると認められる場合。

(2)　本項の適用が認められない例

使用商標が、出願商標と相違する場合(標章の相違、標章の位置の相違)。

第3　第4条第1項及び第3項

（不登録事由）

一、第4条第1項全体

第四条　次に掲げる商標については、前条の規定にかかわらず、商標登録を受けること
ができない。

一　国旗、菊花紋章、勲章、褒章又は外国の国旗と同一又は類似の商標

二　パリ条約（千九百年十二月十四日にブラッセルで、千九百十一年六月二日にワシン
トンで、千九百二十五年十一月六日にヘーグで、千九百三十四年六月二日にロンドン
で、千九百五十八年十月三十一日にリスボンで及び千九百六十七年七月十四日にスト
ックホルムで改正された工業所有権の保護に関する千八百八十三年三月二十日のパ
リ条約をいう。以下同じ。）の同盟国、世界貿易機関の加盟国又は商標法条約の締約国
の国の紋章その他の記章（パリ条約の同盟国、世界貿易機関の加盟国又は商標法条約
の締約国の国旗を除く。）であつて、経済産業大臣が指定するものと同一又は類似の
商標

三　国際連合その他の国際機関（ロにおいて「国際機関」という。）を表示する標章であ
つて経済産業大臣が指定するものと同一又は類似の商標（次に掲げるものを除く。）

　イ　自己の業務に係る商品若しくは役務を表示するものとして需要者の間に広く認
識されている商標又はこれに類似するものであつて、その商品若しくは役務又はこ
れらに類似する商品若しくは役務について使用をするもの

　ロ　国際機関の略称を表示する標章と同一又は類似の標章からなる商標であつて、
その国際機関と関係があるとの誤認を生ずるおそれがない商品又は役務について
使用をするもの

四　赤十字の標章及び名称等の使用の制限に関する法律（昭和二十二年法律第百五十
九号）第一条の標章若しくは名称又は武力攻撃事態等における国民の保護のための措
置に関する法律（平成十六年法律第百十二号）第百五十八条第一項の特殊標章と同一
又は類似の商標

五　日本国又はパリ条約の同盟国、世界貿易機関の加盟国若しくは商標法条約の締約
国の政府又は地方公共団体の監督用又は証明用の印章又は記号のうち経済産業大臣
が指定するものと同一又は類似の標章を有する商標であつて、その印章又は記号が
用いられている商品又は役務と同一又は類似の商品又は役務について使用をするも
の

六　国若しくは地方公共団体若しくはこれらの機関、公益に関する団体であつて営利を目的としないもの又は公益に関する事業であつて営利を目的としないものを表示する標章であつて著名なものと同一又は類似の商標

七　公の秩序又は善良の風俗を害するおそれがある商標

八　他人の肖像又は他人の氏名若しくは名称若しくは著名な雅号、芸名若しくは筆名若しくはこれらの著名な略称を含む商標(その他人の承諾を得ているものを除く。)

九　政府若しくは地方公共団体(以下「政府等」という。)が開設する博覧会若しくは政府等以外の者が開設する博覧会であつて特許庁長官の定める基準に適合するもの又は外国でその政府等若しくはその許可を受けた者が開設する国際的な博覧会の賞と同一又は類似の標章を有する商標(その賞を受けた者が商標の一部としてその標章の使用をするものを除く。)

十　他人の業務に係る商品若しくは役務を表示するものとして需要者の間に広く認識されている商標又はこれに類似する商標であつて、その商品若しくは役務又はこれらに類似する商品若しくは役務について使用をするもの

十一　当該商標登録出願の日前の商標登録出願に係る他人の登録商標又はこれに類似する商標であつて、その商標登録に係る指定商品若しくは指定役務(第六条第一項(第六十八条第一項において準用する場合を含む。)の規定により指定した商品又は役務をいう。以下同じ。)又はこれらに類似する商品若しくは役務について使用をするもの

十二　他人の登録防護標章(防護標章登録を受けている標章をいう。以下同じ。)と同一の商標であつて、その防護標章登録に係る指定商品又は指定役務について使用をするもの

十三　削除

十四　種苗法(平成十年法律第八十三号)第十八条第一項の規定による品種登録を受けた品種の名称と同一又は類似の商標であつて、その品種の種苗又はこれに類似する商品若しくは役務について使用をするもの

十五　他人の業務に係る商品又は役務と混同を生ずるおそれがある商標(第十号から前号までに掲げるものを除く。)

十六　商品の品質又は役務の質の誤認を生ずるおそれがある商標

十七　日本国のぶどう酒若しくは蒸留酒の産地のうち特許庁長官が指定するものを表示する標章又は世界貿易機関の加盟国のぶどう酒若しくは蒸留酒の産地を表示する標章のうち当該加盟国において当該産地以外の地域を産地とするぶどう酒若しくは

> 蒸留酒について使用をすることが禁止されているものを有する商標であつて、当該
> 産地以外の地域を産地とするぶどう酒又は蒸留酒について使用をするもの
> 十八　商品等（商品若しくは商品の包装又は役務をいう。第二十六条第一項第五号にお
> 　いて同じ。）が当然に備える特徴のうち政令で定めるもののみからなる商標
> 十九　他人の業務に係る商品又は役務を表示するものとして日本国内又は外国におけ
> 　る需要者の間に広く認識されている商標と同一又は類似の商標であつて、不正の目
> 　的（不正の利益を得る目的、他人に損害を加える目的その他の不正の目的をいう。以
> 　下同じ。）をもつて使用をするもの（前各号に掲げるものを除く。）

１．動き商標、ホログラム商標、位置商標を構成する標章及び音商標を構成する言語的
要素が第４条第１項各号に該当する場合には、原則として、商標全体として第４条第１
項各号に該当するものとする。

二、第4条第1項第1号（国旗、菊花紋章等）

> 国旗、菊花紋章、勲章、褒章又は外国の国旗と同一又は類似の商標

1．「国旗」について

「国旗」とは、日章旗をいう（国旗及び国歌に関する法律（平成11年8月13日法律第127号）第1条）。

2．「菊花紋章」について

「菊花紋章」とは、菊花の花弁の数が16枚からなる我が国の皇室の紋章をいう。

3．「勲章、褒章」について

「勲章、褒章」とは、いずれも我が国のものであって、かつ、査定時において現に存在するものに限る。

（1）　主な「勲章」の例（出典：内閣府賞勲局）

大勲位菊花章

桐花大綬章

旭日章

瑞宝章

文化勲章

宝冠章

（2）　主な「褒章」の例（出典：内閣府賞勲局）

紅綬褒章

緑綬褒章

黄綬褒章

紫綬褒章　　　　　　　藍綬褒章　　　　　　　紺綬褒章

４．「外国の国旗」について

　「外国の国旗」には、我が国が承認している国に限らず、承認していない国の国旗をも含む。

　また、査定時において現に存在する国に限るものとする。

５．「同一又は類似の商標」について

　(1)　本号における類否は、国家等の尊厳を保持するという公益保護の観点から、商標全体がこれら国旗等と紛らわしいか否かにより判断する。

　　　例えば、出願商標が、その一部に国旗等を顕著に有する場合は、商標全体として本号に該当するものと判断する。

　(2)　「菊花紋章」の判断の例

　　　上記(1)に加え、出願商標が、菊花を表し、その花弁の数が12以上24以下で表示されている場合は、「菊花紋章」に類似するものと判断する。ただし、出願商標が次のいずれかに該当するときは、この限りでない。

　　①　花心の直径が花弁の長さより大きいもの

　　②　菊花の３分の１以上が他のものにより覆われ、又は切断されているもの

　　③　花心が花の中心からその半径の４分の１以上片寄ったもの

　　④　菊花の形状が明らかに紋章を形成せず、かつ、生花を表したと認められるもの

　　（例）　上記①から④に該当する標章

６．色彩を組み合わせてなる商標について

　色彩のみからなる商標のうち、色彩を組み合わせてなるものが外国の国旗と同一又は類似の標章である場合には、原則として、本号に該当するものと判断する。

三、第４条第１項第２号、第３号及び第５号（国の紋章、記章等）

二　パリ条約（千九百年十二月十四日にブラッセルで、千九百十一年六月二日にワシント
ンで、千九百二十五年十一月六日にヘーグで、千九百三十四年六月二日にロンドンで、
千九百五十八年十月三十一日にリスボンで及び千九百六十七年七月十四日にストック
ホルムで改正された工業所有権の保護に関する千八百八十三年三月二十日のパリ条約
をいう。以下同じ。）の同盟国、世界貿易機関の加盟国又は商標法条約の締約国の国の
紋章その他の記章（パリ条約の同盟国、世界貿易機関の加盟国又は商標法条約の締約国
の国旗を除く。）であつて、経済産業大臣が指定するものと同一又は類似の商標

三　国際連合その他の国際機関（ロにおいて「国際機関」という。）を表示する標章であつ
て経済産業大臣が指定するものと同一又は類似の商標（次に掲げるものを除く。）

イ　自己の業務に係る商品若しくは役務を表示するものとして需要者の間に広く認識
されている商標又はこれに類似するものであつて、その商品若しくは役務又はこれら
に類似する商品若しくは役務について使用をするもの

ロ　国際機関の略称を表示する標章と同一又は類似の標章からなる商標であつて、そ
の国際機関と関係があるとの誤認を生ずるおそれがない商品又は役務について使用
をするもの

五　日本国又はパリ条約の同盟国、世界貿易機関の加盟国若しくは商標法条約の締約国
の政府又は地方公共団体の監督用又は証明用の印章又は記号のうち経済産業大臣が指
定するものと同一又は類似の標章を有する商標であつて、その印章又は記号が用いら
れている商品又は役務と同一又は類似の商品又は役務について使用をするもの

１．「経済産業大臣が指定するもの」について

　「経済産業大臣が指定するもの」は、いずれも、官報に経済産業省告示として、告示番
号や告示日と共に掲載されているものである。

　例えば、以下のものがある。

(1) 第2号

(例1) アメリカ合衆国の記章

（通商産業省告示昭和51年第356号　昭和51年8月6日告示）

(例2) オーストラリア連邦の紋章

（通商産業省告示平成6年第74号　平成6年2月16日告示）

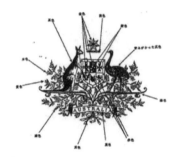

(2) 第3号

(例1) 国際連合の標章

（通商産業省告示平成6年第253号　平成6年4月26日告示）

（例2） 世界知的所有権機関の標章

（通商産業省告示平成6年第275号　平成6年4月26日告示）

(3)　第5号

（例1）　マレーシアの監督用又は証明用の印章又は記号

（経済産業省告示平成26年第196号　平成26年9月26日告示

　　商品又は役務：輸送，食肉，魚　等）

白　　　黒

（例2）　大韓民国の監督用又は証明用の印章

（経済産業省告示平成26年第241号　平成26年12月12日告示

　　商品又は役務：木材製品）

黒

２．第２号について

（1）「同一又は類似の商標」について

　　本号における類否は、国家の尊厳を保持するという公益保護の観点から、商標全体が国の紋章等と紛らわしいか否かにより判断する。

　　例えば、出願商標が、その一部に国の紋章等を顕著に有する場合は、商標全体として本号に該当するものと判断する。

３．第３号について

（1）「同一又は類似の商標」について

　　本号における類否は、国際機関の尊厳を保持するという公益保護の観点から、商標全体がこれら国際機関を表示する標章と紛らわしいか否かにより判断する。

　　例えば、出願商標が、その一部に国際機関を表示する標章を顕著に有する場合は、商標全体として本号に該当するものと判断する。

（2）本号イにいう「需要者の間に広く認識されている」について

　(ｱ)　需要者の範囲は、最終需要者まで広く認識されている場合のみならず、取引者の間に広く認識されている場合を含む。

　(ｲ)　「需要者の間に広く認識されている」か否かの判断における考慮事由及び証拠方法は、この基準第2（第3条第2項）の2．(2)及び(3)を準用する。

（3）本号イにいう「需要者の間に広く認識されている商標又はこれに類似するもの」について

　　本号イにおける類否の判断は、需要者の間に広く認識されているために、国際機関と関係があるとの誤認を生じない商標を本号の適用対象から除外し、当該商標を保護するという観点から、当該商標の有する外観、称呼及び観念のそれぞれの判断要素を総合的に考察しなければならない。

（4）本号ロにいう「国際機関と関係があるとの誤認を生ずるおそれがない商品又は役務」について

　　「誤認を生ずるおそれがない」か否かの判断については、国際機関が行う役務と出願商標の指定商品又は指定役務との関連性を勘案して判断する。

　（例）　誤認を生ずるおそれがない場合

　　　国際機関が行っている役務が食品関係であるのに対し、出願商標の指定商品が自動車である場合。

４．第５号について

(1) 「同一又は類似の標章を有する商標」について

本号における類否は、商品の品質又は役務の質の誤認防止及び監督・証明官庁の権威の保持の観点から、出願商標が、その構成全体又はその一部に国の監督用の印章等と紛らわしい標章を有するか否かにより判断する。

(2) 「同一又は類似の商品又は役務」について

本号における商品又は役務の類否の判断については、この基準第３の十（第４条第１項第11号）11.(1)から(3)を準用する。

(注) 記載した告示の内容は、本審査基準作成時点のものである。

四、第４条第１項第４号（赤十字等の標章又は名称）

赤十字の標章及び名称等の使用の制限に関する法律（昭和二十二年法律第百五十九号）第一条の標章若しくは名称又は武力攻撃事態等における国民の保護のための措置に関する法律（平成十六年法律第百十二号）第百五十八条第一項の特殊標章と同一又は類似の商標

１．赤十字の標章及び名称等の使用の制限に関する法律第１条の「標章」及び「名称」について

　(1)　「標章」は次のとおりである。

　　　①　　　　　　　　　　②　　　　　　　　③

　　　（白地に赤十字）　　　（白地に赤新月）　　（白地に赤のライオン及び太陽）

　(2)　「名称」は次のとおりである。

　　　①　「赤十字」　　　②　「ジュネーブ十字」

　　　③　「赤新月」　　　④　「赤のライオン及び太陽」

２．武力攻撃事態等における国民の保護のための措置に関する法律第158条第１項の特殊標章のひな型は、次のとおりである。

（オレンジ色地に青色の正三角形）

３．「同一又は類似の商標」について

　本号における類否は、赤十字の尊厳を保持する等の公益保護の観点から、商標全体が赤十字の標章等と紛らわしいか否かにより判断する。例えば、出願商標が、その一部に上記の１．又は２．の標章又は名称を顕著に有する場合は、本号に該当するものと判断する。

五、第４条第１項第６号(国、地方公共団体等の著名な標章)

> 国若しくは地方公共団体若しくはこれらの機関、公益に関する団体であつて営利を目的としないもの又は公益に関する事業であつて営利を目的としないものを表示する標章であつて著名なものと同一又は類似の商標

１．「国、地方公共団体若しくはこれらの機関」について

 (1) 「国」とは日本国をいう。

 (2) 「地方公共団体」とは、地方自治法一条の三 にいう普通地方公共団体(都道府県及び市町村)及び特別地方公共団体(特別区、地方公共団体の組合及び財産区)をいう。

 (3) 「これらの機関」とは、国については立法、司法、行政の各機関をいい、地方公共団体については、これらに相当する機関(司法を除く。)をいう。

２．「公益に関する団体であつて営利を目的としないもの」について

 「公益に関する団体であつて営利を目的としないもの」であるか否かについては、当該団体の設立目的、組織及び公益的な事業の実施状況等を勘案して判断する。この場合、国内若しくは海外の団体であるか又は法人格を有する団体であるか否かを問わない。

 (例)

  ① 公益社団法人及び公益財団法人の認定等に関する法律による認定を受けた公益社団法人又は公益財団法人(例:日本オリンピック委員会)

  ② 特別法に基づき設立された社会福祉法人、学校法人、医療法人、宗教法人、特定非営利活動法人、独立行政法人(例:日本貿易振興機構)など

  ③ 政党

  ④ 国際オリンピック委員会

  ⑤ 国際パラリンピック委員会及び日本パラリンピック委員会

  ⑥ キリスト教青年会

３．「公益に関する事業であつて営利を目的としないもの」について

 「公益に関する事業であつて営利を目的としないもの」であるか否かについては、当該事業の目的及びその内容並びに事業主体となっている団体の設立目的及び組織等を勘案して判断する。この場合、事業が国内又は海外のいずれにおいて行われているかを問わない。

 (例)

  ① 地方公共団体や地方公営企業等が行う水道事業、交通事業、ガス事業

② 国や地方公共団体が実施する事業(施策)

③ 国際オリンピック委員会や日本オリンピック委員会が行う競技大会であるオリンピック

④ 国際パラリンピック委員会や日本パラリンピック委員会が行う競技大会であるパラリンピック

４．「表示する標章」について

「国若しくは地方公共団体若しくはこれらの機関、公益に関する団体であつて営利を目的としないもの又は公益に関する事業であつて営利を目的としないもの」(以下「国等」という。)を「表示する標章」には、国等の正式名称のみならず、略称、俗称、シンボルマークその他需要者に国等を想起させる表示を含む。

(例１) 公益に関する団体であって営利を目的としないものを表示する標章

① 国際オリンピック委員会の略称である「ＩＯＣ」

② 日本オリンピック委員会の略称である「ＪＯＣ」

(例２) 公益に関する事業であって営利を目的としないものを表示する標章

① 国際オリンピック委員会や日本オリンピック委員会が行う競技大会であるオリンピックを表示する標章としての「オリンピック」及び「ＯＬＹＭＰＩＣ」、その俗称としての「『五輪』の文字」、そのシンボルマークとしての「五輪を表した図形(オリンピックシンボル)」

② 国や地方公共団体が実施する事業(施策)の略称

５．「著名なもの」について

(1) 「著名」の程度については、国等の権威、信用の尊重や国等との出所の混同を防いで需要者の利益を保護するという公益保護の趣旨に鑑み、必ずしも全国的な需要者の間に認識されていることを要しない。

(2) 「著名なもの」に該当するか否かについては、使用に関する事実、例えば、次の①から④までの事実を総合勘案して判断する。この場合、標章によっては、短期間で著名となる蓋然性が高いと認められる場合があることに留意する。

① 実際に使用されている標章

② 標章の使用開始時期、使用期間、使用地域

③ 標章の広告又は告知の方法、回数及び内容

④ 一般紙、業界紙、雑誌又は他者のウェブサイト等における紹介記事の掲載回数及

　び内容

６．「同一又は類似の商標」について

　本号における類否は、国等の権威、信用の尊重や国等との出所の混同を防いで需要者の利益を保護するという公益保護の観点から、これら国等を表示する標章と紛らわしいか否かにより判断する。

六、第4条第1項第7号（公序良俗違反）

> 公の秩序又は善良の風俗を害するおそれがある商標

1．「公の秩序又は善良の風俗を害するおそれがある商標」とは、例えば、以下（1）から（5）に該当する場合をいう。

　（1）　商標の構成自体が非道徳的、卑わい、差別的、きょう激若しくは他人に不快な印象を与えるような文字、図形、記号、立体的形状若しくは色彩又はこれらの結合、音である場合。

　　　　なお、非道徳的若しくは差別的又は他人に不快な印象を与えるものであるか否かは、特に、構成する文字、図形、記号、立体的形状若しくは色彩又はこれらの結合、音に係る歴史的背景、社会的影響等、多面的な視野から判断する。

　（2）　商標の構成自体が上記（1）でなくても、指定商品又は指定役務について使用することが社会公共の利益に反し、社会の一般的道徳観念に反する場合。

　（3）　他の法律によって、当該商標の使用等が禁止されている場合。

　（4）　特定の国若しくはその国民を侮辱し、又は一般に国際信義に反する場合。

　（5）　当該商標の出願の経緯に社会的相当性を欠くものがある等、登録を認めることが商標法の予定する秩序に反するものとして到底容認し得ない場合。

2．本号に該当する例

　①　「大学」等の文字を含み学校教育法に基づく大学等の名称と誤認を生ずるおそれがある場合。

　②　「○○士」などの文字を含み国家資格と誤認を生ずるおそれがある場合。

　③　周知・著名な歴史上の人物名であって、当該人物に関連する公益的な施策に便乗し、その遂行を阻害する等公共の利益を損なうおそれがあると判断される場合。

　④　国旗（外国のものを含む。）の尊厳を害するような方法で表示した図形を有する場合。

　⑤　音商標が、我が国でよく知られている救急車のサイレン音を認識させる場合。

　⑥　音商標が国歌（外国のものを含む。）を想起させる場合。

　⑦　品種登録出願中の品種の名称と同一又は類似の商標であって、その品種の種苗若しくはこれに類似する商品若しくは役務、又はその品種に係る収穫物若しくはこれに類似する商品若しくは役務について使用をするものについて、品種登録出願後に商標登録出願をし、当該商標登録出願に当該品種の名称の品種登録を阻害する目的

　があることが、情報の提供等により得られた資料から認められる場合。

七、第4条第1項第8号(他人の氏名又は名称等)

　他人の肖像若しくは他人の氏名(商標の使用をする商品又は役務の分野において需要者の間に広く認識されている氏名に限る。)若しくは名称若しくは著名な雅号、芸名若しくは筆名若しくはこれらの著名な略称を含む商標(その他人の承諾を得ているものを除く。)又は他人の氏名を含む商標であつて、政令で定める要件に該当しないもの

商標法施行令
第一条　商標法第四条第一項第八号の政令で定める要件は、次の各号のいずれにも該当することとする。
　一　商標に含まれる他人の氏名と商標登録出願人との間に相当の関連性があること。
　二　商標登録出願人が不正の目的で商標登録を受けようとするものでないこと。

1．「他人」について
　「他人」とは、自己以外の現存する者をいい、自然人(外国人を含む。)、法人のみならず、権利能力なき社団を含む。

2．「商標の使用をする商品又は役務の分野において需要者の間に広く認識されている氏名」について
　(1)　「商標の使用をする商品又は役務の分野」について
　　　「商標の使用をする商品又は役務の分野」の判断にあたっては、人格権保護の見地から、当該商標の指定商品又は指定役務のみならず、当該他人と関連性を有する商品又は役務等をも勘案する。
　(2)　「需要者の間に広く認識されている氏名」について
　　　「需要者の間に広く認識されている氏名」の判断にあたっては、人格権保護の見地から、その他人の氏名が認識されている地理的・事業的範囲を十分に考慮した上で、その商品又は役務に氏名が使用された場合に、当該他人を想起・連想し得るかどうかに留意する。

3．「略称」について
　(1)　法人の「名称」から、株式会社、一般社団法人等の法人の種類を除いた場合には、「略称」に該当する。なお、権利能力なき社団の名称については、法人等の種類を含まないため、「略称」に準じて取り扱うこととする。
　(2)　外国人の「氏名」について、ミドルネームを含まない場合には、「略称」に該当する。

4．「著名な」略称等について

　他人の「著名な」雅号、芸名、筆名又はこれら及び他人の氏名、名称の「著名な」略称に該当するか否かの判断にあたっては、人格権保護の見地から、必ずしも、当該商標の指定商品又は指定役務の需要者のみを基準とすることは要しない。

5．「含む」について

　他人の名称等を「含む」商標であるかは、当該部分が他人の名称等として客観的に把握され、当該他人を想起・連想させるものであるか否かにより判断する。

　（例）　商標「ＴＯＳＨＩＨＩＫＯ」から他人の著名な略称「ＩＨＩ」を想起・連想させない。

6．自己の氏名等に係る商標について

　自己の氏名、名称、雅号、芸名、若しくは筆名又はこれらの略称に係る商標であったとしても、「他人の氏名（商標の使用をする商品又は役務の分野において需要者の間に広く認識されている氏名に限る。）若しくは名称若しくは著名な雅号、芸名若しくは筆名若しくはこれらの著名な略称」にも該当する場合（その他人の承諾を得ているものを除く。）又は他人の氏名を含む商標であって商標登録出願人が不正の目的で商標登録を受けようとするものである場合には、当該他人の人格的利益を損なうものとして、本号に該当する。

7．「他人の承諾」について

　「他人の承諾」は、査定時においてあることを要する。

8．「政令で定める要件」について

　（1）　「商標に含まれる他人の氏名と商標登録出願人との間に相当の関連性があること」について

　　　例えば、出願商標に含まれる他人の氏名が、出願人の自己氏名、創業者や代表者の氏名、出願前から継続的に使用している店名等である場合は、相当の関連性があるものと判断する。

　（2）　「商標登録出願人が不正の目的で商標登録を受けようとするものでないこと」について

　　　例えば、他人への嫌がらせの目的や先取りして商標を買い取らせる目的が、公開されている情報や情報提供等により得られた資料から認められる場合は、不正の目的が

あるものと判断する。

八、第４条第１項第９号（博覧会の賞）

> 政府若しくは地方公共団体（以下「政府等」という。）が開設する博覧会若しくは政府等
> 以外の者が開設する博覧会であつて特許庁長官の定める基準に適合するもの又は外国で
> その政府等若しくはその許可を受けた者が開設する国際的な博覧会の賞と同一又は類似
> の標章を有する商標（その賞を受けた者が商標の一部としてその標章の使用をするもの
> を除く。）

１．「博覧会」について

「博覧会」には、博覧会の名称を冠するものに限らず、例えば、見本市、品評会、コレク
ション、トレードショー、フェア、メッセ等の他の名称を冠したものも含む。

２．「特許庁長官の定める基準に適合するもの」について

「特許庁長官の定める基準」は、平成24年特許庁告示第６号（下記参照）において示されて
おり、これに適合するか否かにより判断する。

平成24年特許庁告示第６号（要件部分抜粋）

「一　産業の発展に寄与することを目的とし、「博覧会」「見本市」等の名称の如何にかか
　　わらず、産業に関する物品等の公開及び展示を行うものであること。

　二　開設地、開設期間、出品者及び入場者の資格、出品者数並びに出品物の種類及び
　　数量等が、同号の趣旨に照らして適当であると判断されるものであること。

　三　政府等が協賛し、又は後援する博覧会その他これらに準ずるものであること。」

(1)　上記一について

　　博覧会等の名称を冠した場合であっても、その目的が、単なる商品販売の一環とし
　ての百貨店や小売店等による各種の商品の即売会や絵画又は美術品等の展示会は、本
　号にいう「特許庁長官の定める基準」に適合しないものと判断する。

(2)　上記二について

　　例えば、以下(ｱ)から(ｳ)の場合には、本号にいう「特許庁長官の定める基準」に適合
　しないものと判断する。

(ｱ)　「開設地及び開設期間」について、(ⅰ)博覧会の開設会場の収容人数が極めて少な
　　い場合、(ⅱ)開催地が交通不便な地域である場合、あるいは、(ⅲ)交通不便とは
　　いえない地域であっても、例えば山岳地等の開催地であって季節によっては交通不
　　便となる期間に開催する場合。

(ｲ)　「出品者及び入場者の資格」について制限を設けている場合。ただし、開設の目

的、会場の規模その他正当な理由による場合は除く。例えば、(ⅰ)博覧会の出品物が「たばこ」「アルコール飲料」等であって、それらを展示し公衆の観覧及び購買する場合に入場者の年齢に制限を設ける場合、及び、(ⅱ)開設会場が相当程度の収容人数がある場合であっても、入場者の安全性・利便性等を考慮して一定程度の制限を設ける場合等。

　　なお、出品者又は入場者から出品料又は入場料を徴収することは制限には当たらないものとする。

　(ウ)　「出品者数」、「出品物の種類及び数量」について、博覧会の出品者数が極めて少ない場合又は限定されている場合のように、一般公衆への公開及び展示に供されることを目的とするものとは到底いえない場合。

３．「同一又は類似の標章を有する商標」について

　本号における類否は、博覧会で与えられる賞の権威の維持及び商品の品質又は役務の質の誤認防止の観点から、出願商標が、その構成全体又はその一部に博覧会の賞と紛らわしい標章を有するか否かにより判断する。

４．「その賞を受けた者」について

　「その賞を受けた者」には、賞を受けた者の営業又は事業の承継人を含む。

(注)　記載した告示の内容は、本審査基準作成時点のものである。

九、第４条第１項第10号（他人の周知商標）

> 他人の業務に係る商品若しくは役務を表示するものとして需要者の間に広く認識されている商標又はこれに類似する商標であつて、その商品若しくは役務又はこれらに類似する商品若しくは役務について使用をするもの

１．「他人の業務に係る商品若しくは役務を表示するものとして需要者の間に広く認識されている商標」について

　(1)　需要者の認識について

　　　「需要者の間に広く認識されている商標」には、最終消費者まで広く認識されている商標のみならず、取引者の間に広く認識されている商標を含み、また、全国的に認識されている商標のみならず、ある一地方で広く認識されている商標をも含む。

　(2)　周知性の判断について

　　　「需要者の間に広く認識されている」か否かの判断に当たっては、この基準第２（第３条第２項）の２．(2)及び(3)を準用する。なお、例えば、以下のような事情については十分に考慮して判断する。

　　(ア)　取引形態が特殊な商品又は役務の場合

　　　　例えば、「医療用医薬品」、「医薬品の試験・検査若しくは研究」については、特定の市場においてのみ流通する商品又は提供される役務であること。

　　(イ)　主として外国で使用されている商標の場合

　　　　主として外国で使用されている商標については、外国において周知であること、数か国に商品が輸出されること、又は数か国で役務の提供が行われていること。

２．「需要者の間に広く認識されている商標」の認定について

　審決、異議決定又は判決で需要者の間に広く認識された商標と認定された商標は、その認定された事実について十分に考慮して判断する。

３．「類似する商標」について

　(1)　本号における商標の類否の判断については、この基準第３の十（第４条第１項第11号）の１．から10．を準用する。

　(2)　「需要者の間に広く認識されている」他人の未登録商標と他の文字又は図形等とを結合した商標は、その外観構成がまとまりよく一体に表されているもの又は観念上の繋がりがあるものを含め、その未登録商標と類似するものと判断する。

　　　ただし、その未登録商標が既成語の一部となっていることが明らかな場合等を除く。

（例）　該当例は、この基準第３の十（第４条第１項第11号）の４．(2)(ｱ)②と同様
　　である。

４．判断時期について

　本号の規定を適用するために引用される商標は、商標登録出願の時に（第４条第３項参
照）、我が国内の需要者の間に広く認識されていなければならない。

５．商品又は役務の類否判断について

　本号における商品又は役務の類否判断については、この基準第３の十（第４条第１項第
11号）の11．を準用する。

６．出願人と本号における他人に支配関係がある場合の取扱い

　本号に該当するか否かの判断においては、この基準第３の十（第４条第１項第11号）の
13．を準用する。

十、第4条第1項第11号（先願に係る他人の登録商標）

> 当該商標登録出願の日前の商標登録出願に係る他人の登録商標又はこれに類似する商標であつて、その商標登録に係る指定商品若しくは指定役務（第六条第一項（第六十八条第一項において準用する場合を含む。）の規定により指定した商品又は役務をいう。以下同じ。）又はこれらに類似する商品若しくは役務について使用をするもの

1．商標の類否判断方法について

(1) 類否判断における総合的観察

商標の類否は、出願商標及び引用商標がその外観、称呼又は観念等によって需要者に与える印象、記憶、連想等を総合して全体的に観察し、出願商標を指定商品又は指定役務に使用した場合に引用商標と出所混同のおそれがあるか否かにより判断する。

なお、判断にあたっては指定商品又は指定役務における一般的・恒常的な取引の実情を考慮するが、当該商標が現在使用されている商品又は役務についてのみの特殊的・限定的な取引の実情は考慮しないものとする。

（一般的・恒常的な取引の実情の例）

指定商品又は指定役務における取引慣行

（特殊的・限定的な取引の実情の例）

① 実際に使用されている商標の具体的態様、方法

② 商標を実際に使用している具体的な商品、役務の相違

(2) 商標の観察方法

(ｱ) 商標の類否においては、全体観察のみならず、商標の構成部分の一部を他人の商標と比較して類否を判断する場合がある。

(ｲ) 商標の類否は、時と場所を異にする離隔的観察により判断する。

(3) 類否判断における注意力の基準

商標の類否は、商標が使用される指定商品又は指定役務の主たる需要者層（例えば、専門的知識を有するか、年齢、性別等の違い）その他指定商品又は指定役務の取引の実情（例えば、日用品と贅沢品、大衆薬と医療用医薬品などの商品の違い）を考慮し、指定商品又は指定役務の需要者が通常有する注意力を基準として判断する。

2．類否判断における商標の認定について

(1) 外観、称呼、観念の認定について

(ｱ) 外観の認定

外観とは、商標に接する需要者が、視覚を通じて認識する外形をいう。

　(イ)　称呼の認定

　　　称呼とは、商標に接する需要者が、取引上自然に認識する音をいう。

　　　例えば、次のとおり称呼の認定を行う。

　　(例)

　　　①　商標「竜田川」からは、自然に称呼される「タツタガワ」のみが生じ、「リュウ

　　　　デンセン」のような不自然な称呼は、生じないものとする。

　　　②　「ベニウメ」の振り仮名を付した商標「紅梅」からは、自然に称呼される「コウ

　　　　バイ」の称呼も生ずるものとする。

　　　③　商標「白梅」における「ハクバイ」及び「シラウメ」のように2以上の自然な称

　　　　呼を有する文字商標は、その一方を振り仮名として付した場合であっても、他

　　　　の一方の称呼も生ずるものとする。

　　　④　商標が色彩を有するときは、その部分からも称呼を生ずることがあるものと

　　　　する(例えば、「白い」馬や「赤い」旗の図形)。

　(ウ)　観念の認定

　　　観念とは、商標に接する需要者が、取引上自然に想起する意味又は意味合いをい

　　う。例えば、次のとおり観念の認定を行う。

　　(例)

　　　①　商標を構成する外国語について、辞書等にその意味が掲載されているとして

　　　　も、当該商標に接する需要者がその意味を直ちに理解、認識し得ないと判断す

　　　　る場合には、当該商標からその意味による観念は生じないものとする。

　　　②　商標が色彩を有するときは、その部分からも観念を生ずることがあるものと

　　　　する(例えば、「白い」馬や「赤い」旗の図形)。

3．外観、称呼、観念の類否について

　(1)　外観の類否について

　　(ア)　商標の外観の類否は、商標に接する需要者に強く印象付けられる両外観を比較

　　　するとともに、需要者が、視覚を通じて認識する外観の全体的印象が、互いに紛ら

　　　わしいか否かを考察する。

　　(例)　外観については類似する場合

　　(注)　以下の例示は、外観についての類否の例であり、商標全体として、類否を判

　　　断したものではない。

①

（解説）　両者は、語尾の「Ｘ」の大文字と小文字の差異を有するが、その差はわずかであることから、外観上全体として近似した印象を与える。

（例）　外観については類似しない場合

（注）　以下の例示は、外観についての類否の例であり、商標全体として、類否を判断したものではない。

①

（解説）　両商標の馬の図形は、その構成態様に判然とした差異を有しており、外観上全体として異なる印象を与える。

②

（解説）　左図は、４個の丸みのある獣の足跡が左右互い違いの歩行跡の如く描かれているが、右図は人間の足跡であるから、外観上全体として異なる印象を与える。

③

（解説）　両者は、欧文字の「Ｅ」と「Ｆ」を組み合わせてなるが、「+」の記号の有無、書体の違い、色の違いから外観上全体として異なる印象を与える。

(2)　称呼の類否について

商標の称呼の類否は、比較される両称呼の音質、音量及び音調並びに音節に関する判断要素のそれぞれにおいて、共通し、近似するところがあるか否かを比較するとともに、両商標が称呼され、聴覚されるときに需要者に与える称呼の全体的印象が、互いに紛らわしいか否かを考察する。

（注）　以下の(ｱ)から(ｵ)の例示は、称呼が類似する例であり、商標全体として、類否を判断したものではない。

(ｱ)　音質（母音、子音の質的きまりから生じる音の性質）に関する判断要素

①　相違する音の母音を共通にしているか、母音が近似しているか

（例）　ともに同音数の称呼からなり、相違する１音が母音を共通にする場合
　　　　「ダイラマックス」　　　　　　「ダイナマックス」
　　　　「セレニティ」　　　　　　　　「セレリティ」

（解説）　１音の相違にあって、(i)その音が中間又は語尾に位置し、母音を共通にするとき、(ii)子音が調音の位置、方法において近似（ともに両唇音である、ともに摩擦音であるなどのように、子音表において、同一又は近似する調音位置、方法にある場合をいう。ただし、相違する音の位置、音調、全体の音数の多少によって異なることがある。）し、母音を共通にするとき等においては、全体的印象が近似して聴覚されることが多い。

②　相違する音の子音を共通にしているか、子音が近似しているか

（例）　ともに同数音の称呼からなり、相違する１音が50音図の同行に属する場合
　　　　「プリロセッティ」　　　　　　「プレロセッティ」
　　　　「ビスカリン」　　　　　　　　「ビスコリン」

（解説）　１音の相違にあって、相違する音の子音がともに50音図の同行に属し、

その母音が近似するとき(例えば、口の開き方と舌の位置の比較から、母音エは
アとイに近似し、母音オはアとウに近似する。ただし、相違する音の位置、音
調、全体の音数の多少によって異なることがある)。

(例)　ともに同数音の称呼からなり、相違する1音が清音、濁音、半濁音の差に
すぎない場合

　　　　「ビュー**プ**レックス」　　　　　　「ビュー**フ**レックス」

　　　　「バー**テ**ラックス」　　　　　　　「バー**デ**ラックス」

(解説)　相違する音が濁音(ガ、ザ、ダ、バ行音)、半濁音(パ行音)、清音(カ、
サ、タ、ハ行音)の違いにすぎないとき等においては、全体的印象が近似して聴
覚されることが多い。

(イ)　音量(音の長短)に関する判断要素

①　相違する1音が長音の有無、促音の有無又は長音と促音、長音と弱音の差にす
ぎないか

(注)　弱音とは、口の開き方の小さな音(イ・ウ)、口を開かずに発せられる音(ム
・ン)、声帯が振動せずに発せられる音(フ・ス)等の聴覚上、明瞭でなくひびき
の弱い音をいう。

(例)　相違する音が長音の有無にすぎない場合

　　　　「モガ**レー**マン」　　　　　　　　「モガ**レ**マン」

(例)　相違する音が促音の有無にすぎない場合

　　　　「コレク**シッ**ト」　　　　　　　　「コレク**シ**ト」

(例)　相違する音が長音と促音の差にすぎない場合

　　　　「コロ**ネー**ト」　　　　　　　　　「コロ**ネッ**ト」

　　　　「アド**ポー**ク」　　　　　　　　　「アド**ポッ**ク」

(例)　相違する音が長音と弱音の差にすぎない場合

　　　　「タカラ**ハ**ト」　　　　　　　　　「タカ**ラー**ト」

　　　　「イー**スタ**パック」　　　　　　　「イン**スタ**パック」

(解説)　音の長短は、長音、促音が比較的弱く聴覚されることから、音調(音の
強弱)と関係があり(通常、長音、促音の前音が強く聴覚される。)、また、長音、
促音は発音したときに1単位的感じを与えることから、1音節を構成し音節に
関する判断要素とも関係がある。

(ウ)　音調(音の強弱及びアクセントの位置)に関する判断要素

①　相違する音がともに弱音であるか、弱音の有無にすぎないか、長音と促音の
差にすぎないか(弱音は通常、前音に吸収されて聴覚されにくい。)

 (例) 相違する1音がともに弱音である場合

   「ダンネル」   「ダイネル」

   「シーピーエ**ヌ**」   「シーピーエ**ム**」

 (例) 弱音の有無の差にすぎない場合

   「ブリテックス」   「ブリ**ス**テックス」

   「デントレック**ス**」   「デントレック」

② 相違する音がともに中間又は語尾に位置しているか

 (例) 同数音からなる比較的長い称呼で1音だけ異なる場合

   「サイ**バ**トロン」   「サイ**モ**トロン」

   「パラビタ**オ**ミン」   「パラビタ**シ**ミン」

 (解説) 中間音、語尾音は比較的弱く聴覚されることが多い。

③ 語頭又は語尾において、共通する音が同一の強音(聴覚上、ひびきの強い音)であるか

 (例) 語頭において共通する音が同一の強音の場合

   「**ア**プロトン」   「**ア**クロトン」

   「**バン**ヴェロル」   「**バン**デロル」

 (解説) これが強音であるときには、全体的印象が近似して聴覚されることが多い。

④ 欧文字商標の称呼において強めのアクセントがある場合に、その位置が共通するか

 (例) 強めのアクセントの位置が共通する場合

   「SUNRICHY」 「SUNLICKY」

   (サンリッチーの称呼) (サンリッキーの称呼)

   「RISCOAT」   「VISCOAT」

   (リスコートの称呼) (ビスコートの称呼)

 (解説) 音の強弱は音自体からだけでなく、相違する音の位置、全体の音数の長短等によって、相対的にその強弱が聴覚されることが多い。(例えば、相違する1音が音自体において、弱音であっても、その前後の音も弱音である場合には弱音とはいえない場合がある。)

(エ) 音節に関する判断要素

① 音節数(音数)の比較において、ともに多数音であるか

　（注）　仮名文字１字が１音節をなし、拗音（「キャ」、「シャ」、「ピョ」等）は２文字
　　　で１音節をなす。長音（符）、促音（「ッ」）、撥音（「ン」）もそれぞれ１音節をなす。

　（例）　比較的長い称呼で１音だけ多い場合

　　　　「ビプレックス」　　　　　　　　　「ビタプレックス」

　（解説）　１音の相違があっても、音数が比較的多いときには、全体的印象が近似
　　　して聴覚されることが多い。

②　一つのまとまった感じとしての語の切れ方、分かれ方（シラブル、息の段落）
　において共通性があるか

　（例）　一つのまとまった感じとして語が切れる場合

　　　　「バーコラルジャックス」　　　　「バーコラルデックス」

　（解説）　その共通性があるときには、全体的印象が近似して聴覚されることが多
　　　い。

(オ)　その他、称呼の全体的印象が近似すると認められる要素

①　２音相違するが、上記(ア)から(エ)に挙げる要素の組合せである場合

　　　　「コレクシット」　　　　　　　　「コレスキット」

　　　　「アレジエール」　　　　　　　　「アリジェール」

②　相違する１音が拗音と直音の差にすぎない場合

　　　　「シャボネット」　　　　　　　　「サボネット」

③　相違する音の一方が外国語風の発音をするときであって、これと他方の母音
　又は子音が近似する場合

　　　　「ＴＹＲＥＸ」　　　　　　　　　「ＴＷＹＬＥＸ」

　　　（タイレックスの称呼）　　　　　（トウイレックスの称呼）

　　　　「ＦＯＬＩＯＬ」　　　　　　　　「ＨＥＬＩＯＬ」

　　　（フォリオールの称呼）　　　　　（ヘリオールの称呼）

④　相違する１音の母音又は子音が近似する場合

　　　　「サリージェ」　　　　　　　　　「サリージー」

　　　　「セレラック」　　　　　　　　　「セレノック」

⑤　発音上、聴覚上印象の強い部分が共通する場合

　　　　「ハパヤ」　　　　　　　　　　　「パッパヤ」

⑥　前半の音に多少の差異があるが、全体的印象が近似する場合

　　　　「ポピスタン」　　　　　　　　　「ホスピタン」

(カ)　上記(ア)から(オ)に該当する場合であっても、全体的印象が近似しないと認めら
　れる要素

① 語頭音に音質又は音調上著しい差異があること

② 相違する音が語頭音でないがその音質(例えば、相違する1音がともに同行音であるが、その母音が近似しないとき)音調(例えば、相違する音の部分に強めアクセントがあるとき)上著しい差異があること

③ 音節に関する判断要素において

（ⅰ） 称呼が少数音であること

（ⅱ） 語の切れ方、分かれ方(シラブル、息の段落)が明らかに異なること

(3) 観念の類否について

商標の観念の類否は、商標構成中の文字や図形等から、需要者が想起する意味又は意味合いが、互いにおおむね同一であるか否かを考察する。

(例) 観念については類似する場合

(注) 以下の例示は、観念についての類否の例であり、商標全体として、類否を判断したものではない。

①

でんでんむし 物語	かたつむり 物語

（解説） 「でんでんむし」及び「かたつむり」の語は、いずれも同じ意味を表すものとして一般に理解認識されている。

(例) 観念については類似しない場合

(注) 以下の例示は、観念についての類否の例であり、商標全体として、類否を判断したものではない。

①

EARTH	terre
指定商品　第9類 「テレビ」	指定商品　第9類 「テレビ」

（解説）　当該指定商品に関する我が国の需要者の外国語の理解度からすれば、
「EARTH」からは「地球」の観念を生じるが、フランス語「terre」(テール)からは
「地球」の観念を生じないため観念は異なる。なお、商品名等にフランス語が
一般に採択されている商品等の分野においては、当該観念が生じる場合があ
る。

②

（解説）　右の図形は、「虫」ではなく、「テントウムシ」と認識されるため、観念
は異なる。

③

（解説）　左の図形は、「ギター」と認識され、右の図形は、「ヴァイオリン」と認
識されるため、観念は異なる。

4．結合商標の称呼、観念の認定及び類否判断について
 (1)　結合商標の称呼、観念の認定について
　(ｱ)　結合商標は、商標の各構成部分の結合の強弱の程度を考慮し、各構成部分がそ
れを分離して観察することが取引上不自然であると思われるほど強く結合してい
るものと認められない場合には、その一部だけから称呼、観念が生じ得る。
　(ｲ)　結合の強弱の程度において考慮される要素について
　　文字のみからなる商標においては、大小があること、色彩が異なること、書体が
異なること、平仮名・片仮名等の文字の種類が異なること等の商標の構成上の相違
点、著しく離れて記載されていること、長い称呼を有すること、観念上のつながり
がないこと等を考慮して判断する。

(例)　構成上の相違点、長い称呼を有すること等が認められる場合

「富士白鳥」(文字の大小)

「**サン**ムーン」(書体の相違)

「鶴亀　　　　万寿」(著しく離れて記載)
「chrysanthemumbluesky」(長い称呼)
「ダイヤフロンティア」(観念上のつながりがない)

(ウ)　商号商標(商号の略称からなる商標を含む。)について

　商標の構成中に、商号の一部分として通常使用される「株式会社」「商会」「CO.」「K.K.」「Ltd.」「組合」「協同組合」等の文字が含まれる場合には、これらの文字を除外した称呼、観念も生ずるものとする。

(エ)　立体商標について

①　立体商標は、その全体ばかりでなく、特定の方向から観た場合に視覚に映る姿に相応した称呼又は観念も生じ得る。

②　立体商標が、立体的形状と文字の結合からなる場合には、当該文字部分のみに相応した称呼又は観念も生じ得る。

(オ)　地域団体商標について

　地域団体商標として登録された商標については、使用をされた結果商標全体の構成が不可分一体のものとして需要者の間に広く認識されている事情を考慮し、商標全体の構成を不可分一体のものとして判断する。

(2)　結合商標の類否判断について

(ア)　結合商標の類否は、例えば、次のように判断するものとする。ただし、著しく異なった外観、称呼又は観念を生ずることが明らかなときは、この限りでない。

①　識別力を有しない文字を構成中に含む場合

　指定商品又は指定役務との関係から、普通に使用される文字、慣用される文字又は商品の品質、原材料等を表示する文字、若しくは役務の提供の場所、質等を表示する識別力を有しない文字を有する結合商標は、原則として、それが付加結合されていない商標と類似する。

(例)　類似する場合

　指定役務「写真の撮影」について、「スーパーライオン」と「ライオン」

　　(解説)「スーパー」は、役務の質を表示する。

　指定商品「せんべい」について、「銀座小判」と「小判」

　　　（解説）「銀座」は、商品の産地・販売地を表示する。

　　指定商品「被服」について、「グリーンジャイス」と「ジャイス」

　　　（解説）「グリーン」は、商品の品質(色彩)を表示する。

　　指定商品「清酒」について、「男山富士」と「富士」

　　　（解説）「男山」は、清酒の慣用商標である。

　　指定役務「宿泊施設の提供」について、「黒潮観光ホテル」と「黒潮」

　　　（解説）「観光ホテル」は、「宿泊施設の提供」の慣用商標である。

② 　需要者の間に広く認識された商標を構成中に含む場合

　　指定商品又は指定役務について需要者の間に広く認識された他人の登録商標と他の文字又は図形等と結合した商標は、その外観構成がまとまりよく一体に表されているもの又は観念上の繋がりがあるものを含め、原則として、その他人の登録商標と類似するものとする。

　　ただし、その他人の登録商標の部分が既成の語の一部となっているもの等を除く。

　（例）　類似する例

　　指定商品「化粧品」について

　　　「ラブロレアル」と「L'OREAL」「ロレアル」

　　指定商品「かばん類」について

　　　「PAOLOGUCCI」と「GUCCI」

　　指定役務「航空機による輸送」について

　　　「JALFLOWER」と「JAL」

　　指定役務「映画の制作」について

　　　「東宝白梅」と「東宝」

　　指定商品「テープレコーダ」について

　　　「SONYLINE」又は「WALKMAN LINE」と

　　　「SONYWALKMAN」

　（例）　類似しない例

　　指定商品「金属加工機械器具」について

　　　「TOSHIHIKO」と「IHI」

　　指定商品「時計」について

　　　「アルバイト」と「ALBA／アルバ」

　　指定商品「遊戯用機械器具」について

　　　「せがれ」と「セガ」

(注)　需要者の間に広く認識されているか否かの認定に当たっては、この基準
第3の九(第4条第1項第10号)の2．を準用する。

③　商標の構成部分中識別力のある部分が識別力のない部分に比較して著しく小
さく表示された場合であっても、識別力のある部分から称呼、観念を生ずるもの
とする。

④　商標の一部が、それ自体は自他商品・役務の識別力を有しないものであっても、
使用により識別力を有するに至った場合は、その識別力を有するに至った部分か
ら称呼、観念を生ずるものとする。

(イ)　地域団体商標について

地域団体商標として登録された商標と同一又は類似の文字部分を含む商標は、原
則として、地域団体商標として登録された商標と類似するものとする。

5．立体商標について

(1)　立体商標の類否は、観る方向によって視覚に映る姿が異なるという立体商標の特
殊性を考慮し、次のように判断するものとする。ただし、特定の方向から観た場合に
視覚に映る姿が立体商標の特徴を表しているとは認められないときはこの限りでな
い。

(ア)　立体商標は、原則として、それを特定の方向から観た場合に視覚に映る姿を表
示する平面商標(近似する場合を含む。)と外観において類似する。

(イ)　特定の方向から観た場合に視覚に映る姿を共通にする立体商標(近似する場合
を含む。)は、原則として、外観において類似する。

(ウ)　立体商標と位置商標との類否の判断は、10．(2)(イ)を準用する。

(2)　商標に係る標章を実線で描き、その他の部分を破線で描く等の記載方法を用いた
立体商標の類否の判断は、当該その他の部分を除いて、商標全体として考察しなけれ
ばならない。

6．動き商標の類否について

(1)　動き商標の類否の判断は、動き商標を構成する標章とその標章が時間の経過に伴
い変化する状態から生ずる外観、称呼及び観念のそれぞれの判断要素を総合して、商
標全体として考察しなければならない。

(2)　原則として、動きそのものについて、独立して自他商品・役務の識別標識として
の機能を果たし得る部分(以下「要部」という。)として抽出することはしない。

(3)　動き商標間の類否について

(ア)　自他商品・役務の識別機能が認められない標章の変化(移動)する状態が、軌跡として線で表されることで、文字や図形等の自他商品・役務の識別機能が認められる標章を形成する動き商標と、その軌跡により形成される標章と同一又は類似の軌跡からなる標章を形成する動き商標は、原則として、類似するものとする。

（例）　原則として、類似する場合

（■の軌跡が「ｓｕｎ」の文字を描く動き商標）　　（▲の軌跡が「ｓｕｎ」の文字を描く動き商標）

(イ)　自他商品・役務の識別機能が認められる非類似の標章が同一又は類似の変化(移動)をするが、変化の状態が軌跡として残らないような動き商標同士は、原則として、類似しないものとする。

（例）　原則として、類似しない場合

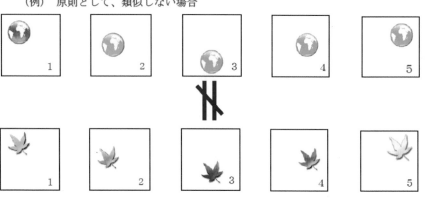

(4)　動き商標と文字商標等との類否について

(ア)　標章の変化する状態が、軌跡として線で表されることで、文字等の自他商品・役務の識別機能が認められる標章を形成する動き商標と、その軌跡により形成される標章と同一又は類似の標章からなる文字商標等とは、原則として、類似するものとする。

（例） 原則として、類似する場合

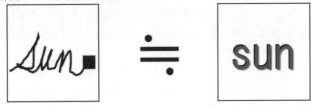

（■の軌跡が「ｓｕｎ」の文字を描く動き商標）	（文字商標）

（ｲ） 文字や図形等の自他商品・役務の識別機能が認められる標章が変化する動き商標と、その標章と同一又は類似の標章からなる図形商標等とは、原則として、類似するものとする。

　　動き商標の標章の軌跡が線で表されることで、文字等の自他商品・役務の識別機能が認められる標章を形成する動き商標と、その軌跡により形成される標章と同一又は類似の標章からなる文字商標等とも、原則として、類似するものとする。

（例） 原則として、類似する場合

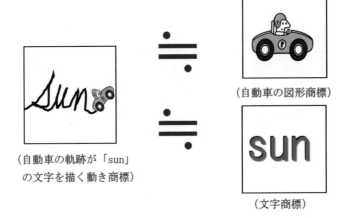

（自動車の図形商標）

（自動車の軌跡が「sun」の文字を描く動き商標）

（文字商標）

（5） 自他商品・役務の識別機能が認められる標章が変化する動き商標の場合、その変化の前後の標章と当該標章からなる図形商標等とは、原則として、類似するものとする。

7．ホログラム商標の類否について

(1)　ホログラム商標の類否の判断は、文字や図形等の標章とそれがホログラフィーその他の方法による視覚効果（立体的に描写される効果、光の反射により輝いて見える効果、見る角度により別の表示面が見える効果等）により変化する状態を総合して、商標全体として考察しなければならない。

(2)　立体的に描写される効果、光の反射により輝いて見える効果等の文字や図形等の標章を装飾する効果が施されているホログラム商標については、表示面に表された文字や図形等の標章から生ずる外観、称呼及び観念をもとに類否判断するものとする。

(3)　見る角度により別の表示面が見える効果が施され、ホログラム商標が複数の表示面から構成されている場合には、それぞれの表示面に表された文字や図形等の標章から生ずる外観、称呼及び観念をもとに類否判断するものとする。

　　この場合には、その表示面の商標全体に占める割合、表示される文脈、他の表示面の標章との関連性等を総合して、商標全体として考察しなければならない。

(4)　ホログラム商標と文字商標等との類否について

　(ｱ)　単語及び熟語等が複数の表示面に分割されて表される等、もともとは一つの単語や熟語等であることが明らかな場合には、当該単語及び熟語等の一部からなる文字商標等、一つの表示面の標章と同一又は類似の標章からなる文字商標等とは、原則として、類似しないものとする。

　　（例）　原則として、類似しない場合

（見る角度によって文字が異なるホログラム商標）　　　　（文字商標）

　(ｲ)　特段の意味を有しない造語等の標章が複数の表示面にそれぞれ表され、各表示面の標章の商標全体に占める割合が低くない等、複数表示面の標章を分離して観察することが取引上不自然でない場合には、各表示面に表示された標章と同一又は類似の標章からなる文字商標や図形商標等とは、原則として、類似するものとする。

　　（例）　原則として、類似する場合

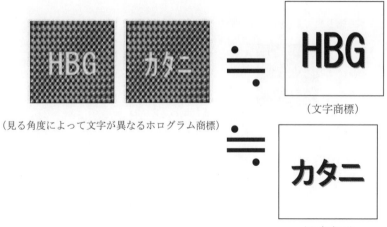

（見る角度によって文字が異なるホログラム商標）

（文字商標）

（文字商標）

8．色彩のみからなる商標の類否について

(1)　色彩のみからなる商標の類否の判断は、当該色彩が有する色相（色合い）、彩度（色
の鮮やかさ）、明度（色の明るさ）を総合して、商標全体として考察しなければならな
い。

(2)　色彩を組み合わせてなる商標は、(1)に加え、色彩の組合せにより構成される全体
の外観を総合して、商標全体として考察しなければならない。

(3)　色彩を組み合わせてなる商標と単色の商標との類否について
　　色彩を組み合わせてなる商標を構成する一色と、その一色と同色の色彩のみからな
る商標とは、原則として、類似しないものとする。

　　（例）　原則として、類似しない場合

（色彩を組み合わせてなる商標）　　　　　　　　（単色の商標）

(4)　「単色の商標」と「文字と色彩の結合商標」との類否について
　　「単色の商標」と「文字と色彩の結合商標」とは、原則として、類似しないものとする。

(5)　「単色の商標」と「文字商標」との類否について
　　文字商標との類否判断においては、称呼及び観念において同一又は類似であるとし
ても、色彩のみからなる商標は、主として色彩の外観が重要な判断要素となることか
ら、原則として、類似しないものとする。

（例）　原則として、類似しない場合

（単色の商標）　　　　　　　　　　　　　　　（文字商標）

(6)　「図形と色彩の結合商標」と「色彩を組み合わせてなる登録商標」との類否

　　「図形と色彩の結合商標」を本願とした場合の「色彩を組み合わせてなる登録商標」との類否については、色彩の配置や割合等が同一又は類似であれば、原則として、類似するものとする。

（例）　原則として、類似する場合

（図形商標）　　　　　　　　　（色彩を組み合わせてなる登録商標）

９．音商標の類否について

(1)　音商標の類否の判断は、音商標を構成する音の要素及び言語的要素（歌詞等）を総合して、商標全体として考察しなければならない。なお、音の要素とは、音楽的要素（メロディー、ハーモニー、リズム又はテンポ、音色等）及び自然音等をいう。

(2)　音商標に含まれる音の要素と言語的要素が、分離観察が取引上不自然なほどに、不可分に結合していないときは、それぞれの要素を要部として抽出するものとする。

(3)　分離観察し要部として抽出するか否かの判断にあたっては、音の要素及び言語的要素並びにこれらの一部分の自他商品・役務の識別機能の強弱等を考慮するものとする。

(4)　音楽的要素のみからなる音商標間の類否について

　(ｱ)　自他商品・役務の識別機能を有しない部分については、要部として抽出せず、音商標の類否を判断する際の比較対象とはしない。

　(ｲ)　自他商品・役務の識別機能を有する部分を要部として抽出し、音商標の類否を判断するにあたっては、少なくとも、メロディーが同一又は類似であることを必要とする。

(5) 言語的要素を含む音商標間の類否について

(ア) 自他商品・役務の識別機能を有しない要素については、要部としては抽出せず、音商標の類否を判断する際の比較対象とはしない。

(イ) 音楽的要素及び言語的要素いずれにも自他商品・役務の識別機能が認められる場合には、それぞれの要素の自他商品・役務の識別機能の強弱を考慮するものとする。

(ウ) 言語的要素が造語や著名な企業名等であり自他商品・役務の識別機能が非常に強く、それに比して音楽的要素の自他商品・役務の識別機能が低いと考えられる場合には、言語的要素のみが要部として抽出される場合があるものとする。

(例) 原則として、類似しない場合(言語的要素が非類似、音楽的要素が同一)

（音商標Ａ） 言語的要素：ジェーピーオー 音楽的要素：自他商品・役務の 　　　　　　識別機能が非常に弱い		**（音商標Ｂ）** 言語的要素：エイビイシイ 音楽的要素：自他商品・役務の 　　　　　　識別機能が非常に弱い

　※　両商標の音楽的要素は同一のものであるとする。

(エ) 音楽的要素が著名なものであり自他商品・役務の識別機能が非常に強く、それに比して言語的要素の自他商品・役務の識別機能が相当程度低いと考えられる場合には、音楽的要素のみが要部として抽出される場合があるものとする。

(6) 言語的要素を含む音商標と文字商標との類否について

言語的要素が要部として抽出される場合には類否の判断を行う。

(例) 原則として、類似する場合

（音商標） 言語的要素：ジェーピーオー 音楽的要素：自他商品・役務の識別機能 　　　　　　が非常に弱い		

（文字商標）

10. 位置商標の類否について

(1) 位置商標の類否の判断は、文字、図形、立体的形状等の標章とその標章を付する位置を総合して、商標全体として考察しなければならない。

(2) 原則として、位置そのものについて、要部として抽出することはしない。

(ア) 位置商標間の類否について

① 標章に自他商品・役務の識別機能が認められない場合

　商品に付される位置等によって需要者及び取引者に与える印象、記憶、連想等を総合して全体的に考察しなければならない。

　（例）　原則として、類似する場合（指定商品第28類「動物のぬいぐるみ」）

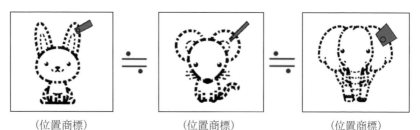

（位置商標）　　　　　　（位置商標）　　　　　　（位置商標）

② 標章に自他商品・役務の識別機能が認められる場合

　標章が同一又は類似であれば、その標章を付する位置が異なる場合でも、原則として、商標全体として類似するものとする。

　（例）　原則として、類似する場合

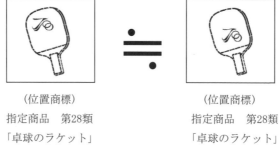

（位置商標）　　　　　　　　（位置商標）
指定商品　第28類　　　　　　指定商品　第28類
「卓球のラケット」　　　　　　「卓球のラケット」

（イ）　位置商標と図形商標や立体商標等との類否について

① 位置商標を構成する標章が要部として抽出されない場合は、上記(ア)①と同様とする。

② 位置商標を構成する標章が要部として抽出される場合は、標章が同一又は類似する図形商標や立体商標等とは、原則として、商標全体として類似するものとする。

　（例）　原則として、類似する場合

（位置商標）　　　　　　　　　（図形商標）

指定商品　第28類　　　　　　指定商品　第28類

「卓球のラケット」　　　　　　「卓球のラケット」

11. 商品又は役務の類否判断について

商品又は役務の類否は、商品又は役務が通常同一営業主により製造・販売又は提供されている等の事情により、出願商標及び引用商標に係る指定商品又は指定役務に同一又は類似の商標を使用するときは、同一営業主の製造・販売又は提供に係る商品又は役務と誤認されるおそれがあると認められる関係にあるかにより判断する。

(1) 商品の類否について

商品の類否を判断するに際しては、例えば、次の基準を総合的に考慮するものとする。この場合には、原則として、類似商品・役務審査基準によるものとする。

① 生産部門が一致するかどうか

② 販売部門が一致するかどうか

③ 原材料及び品質が一致するかどうか

④ 用途が一致するかどうか

⑤ 需要者の範囲が一致するかどうか

⑥ 完成品と部品との関係にあるかどうか

(2) 役務の類否について

役務の類否を判断するに際しては、例えば、次の基準を総合的に考慮するものとする。この場合には、原則として、類似商品・役務審査基準によるものとする。

① 提供の手段、目的又は場所が一致するかどうか

② 提供に関連する物品が一致するかどうか

③ 需要者の範囲が一致するかどうか

④ 業種が同じかどうか

⑤ 当該役務に関する業務や事業者を規制する法律が同じかどうか

⑥ 同一の事業者が提供するものであるかどうか

(3) 商品役務間の類否について

商品と役務の類否を判断するに際しては、例えば、次の基準を総合的に考慮した上で、個別具体的に判断するものとする。この場合には、原則として、類似商品・役務審査基準によるものとする。

① 商品の製造・販売と役務の提供が同一事業者によって行われているのが一般的であるかどうか

② 商品と役務の用途が一致するかどうか

③ 商品の販売場所と役務の提供場所が一致するかどうか

④ 需要者の範囲が一致するかどうか

(4) 商品又は役務の類否判断における取引の実情の考慮について

本号に該当する旨の拒絶理由通知において、引用した登録商標の商標権者(以下「引用商標権者」という。)から、引用商標の指定商品又は指定役務と出願商標の指定商品又は指定役務が類似しない旨の陳述がなされたときは、類似商品・役務審査基準にかかわらず、出願人が主張する商品又は役務の取引の実情(ただし、上記(1)から(3)に列挙した事情に限る)を考慮して、商品又は役務の類否について判断することができるものとする。

なお、以下のような場合には、取引の実情を考慮することはできない。

① 引用商標権者が、単に商標登録出願に係る商標の登録について承諾しているにすぎない場合。

② 類似商品・役務審査基準において類似すると推定される指定商品又は指定役務のうち、一部についてしか類似しない旨の陳述がなされていない場合。

③ 引用商標の商標権について専用使用権又は通常使用権が設定登録されている場合にあって、専用使用権者又は通常使用権者が類似しない旨の陳述をしていない場合。

12. 存続期間経過後の引用商標の取扱いについて

(1) 存続期間経過後6月までの取扱い

(ア) 引用商標が国内出願に係る登録商標である場合

商標権の存続期間経過後6月の期間、又は登録料を分割納付する場合における後期分割登録料を納付すべき期間経過後6月の期間においては、本号に該当すると判断する(第20条第3項、第41条の2第5項及び第8項参照)。

(イ) 引用商標が国際登録に基づく登録商標である場合

国際登録の存続期間経過後6月の期間においては、本号に該当すると判断する(マドリッド議定書第7条(4)参照)。

(2)　上記(1)(ア)及び(イ)における6月の期間経過後の取扱い

　　上記(1)(ア)及び(イ)における6月の期間経過後において、商標原簿等で、存続期間の満了が確定された場合は、本号に該当しない。

　　ただし、引用商標の商標権の存続期間更新の有無を商標原簿で確認し、第21条第1項の規定に基づく更新登録の申請がなされているときは、本号に該当すると判断する。

13.　出願人と引用商標権者に支配関係がある場合の取扱い

　出願人から、出願人と引用商標権者が(1)又は(2)の関係にあることの主張に加え、(3)の証拠の提出があったときは、本号に該当しないものとして取り扱う。

(1)　引用商標権者が出願人の支配下にあること

(2)　出願人が引用商標権者の支配下にあること

(3)　出願に係る商標が登録を受けることについて引用商標権者が了承している旨の証拠

　((1)又は(2)に該当する例)

(ア)　出願人が引用商標権者の議決権の過半数を有する場合。

(イ)　(ア)の要件を満たさないが資本提携の関係があり、かつ、引用商標権者の会社の事業活動が事実上出願人の支配下にある場合。

十一、第４条第１項第12号（他人の登録防護標章）

> 他人の登録防護標章（防護標章登録を受けている標章をいう。以下同じ。）と同一の商標であつて、その防護標章登録に係る指定商品又は指定役務について使用をするもの

１．本号の規定に該当する商標は、登録防護標章と同一のもの（縮尺のみ異なるものを含む。）に限る。

　なお、本号の規定に該当しないと判断される場合でも、第４条第１項第15号の規定に該当する場合がある。

十二、第４条第１項第14号（種苗法で登録された品種の名称）

種苗法（平成十年法律第八十三号）第十八条第一項の規定による品種登録を受けた品種の名称と同一又は類似の商標であつて、その品種の種苗又はこれに類似する商品若しくは役務について使用をするもの

１．「類似の商標」について

　本号における類否の判断は、品種登録を受けた品種の名称を特定人に独占させないという観点から、商標の有する外観、称呼及び観念のそれぞれの判断要素を総合的に考察しなければならない。

２．品種登録を受けた品種の名称について商標登録出願がされた場合について

　(1)　指定商品がその品種に係る収穫物の場合は、商標法第３条第１項第３号に該当すると判断する。

　(2)　指定商品がその品種に係る収穫物の加工品の場合は、指定商品との関係により、商標法第３条第１項第３号に該当するか否かを判断する。

　(3)　指定役務がその品種に係る収穫物又は収穫物の加工品を取扱商品とする小売等役務（小売又は卸売の業務において行われる顧客に対する便益の提供）の場合は、指定役務との関係により、商標法第３条第１項第６号に該当するか否かを判断する。

３．品種登録を受けた品種の名称については、その登録の存続期間の満了等により育成者権が消滅した後は、本号に該当せず、指定商品又は指定役務との関係により、商標法第３条第１項第１号、同項第３号又は同項第６号に該当するか否かを判断する。

４．種苗法（平成10年法律第83号）施行（平成10年12月24日）の際、改正前の同法第12条の４第１項の規定により品種登録を受けていた品種の名称についても上記３．と同様に取り扱うものとする。

十三、第４条第１項第15号（商品又は役務の出所の混同）

> 他人の業務に係る商品又は役務と混同を生ずるおそれがある商標（第十号から前号までに掲げるものを除く。）

1．「他人の業務に係る商品又は役務と混同を生ずるおそれがある商標」について

  (1) その他人の業務に係る商品又は役務（以下「商品等」という。）であると誤認し、その商品等の需要者が商品等の出所について混同するおそれがある場合のみならず、その他人と経済的又は組織的に何等かの関係がある者の業務に係る商品等であると誤認し、その商品等の需要者が商品等の出所について混同するおそれがある場合をもいう。

  (例) 本号に該当する場合

  ① 事業者甲が自己の業務に係る役務「ラーメンの提供」に商標「Ⓢ」を使用し、これが全国的に周知になっている場合において、事業者乙が自己の業務に係る商品「そばの麺」（役務「ラーメンの提供」とは非類似）に商標「Ⓢ」を使用したときに、その商品に接する需要者が、その商品が甲の兼業に係る商品であると誤認し、商品の出所について混同を生ずる場合。

  ② 事業者甲が自己の業務に係る商品「電気通信機械器具」に商標「ＪＰＯ」を使用し、これが全国的に周知になっている場合において、事業者乙が自己の業務に係る商品「おもちゃ」（商品「電気通信機械器具」とは非類似でかつ、商品の生産者、販売者、取扱い系統、材料、用途等の関連性を有しないもの）に商標「ＪＰＯ」を使用したときに、その商品「おもちゃ」に接する需要者が、たとえ、甲の業務に係る商品であると認識しなくても甲の関連会社の業務に係る商品であると誤認し、商品の出所について混同を生ずる場合。

  (2) 考慮事由について

  本号に該当するか否かは、例えば、次のような事実を総合勘案して判断する。

  ① 出願商標とその他人の標章との類似性の程度

  ② その他人の標章の周知度

  ③ その他人の標章が造語よりなるものであるか、又は構成上顕著な特徴を有するものであるか

  ④ その他人の標章がハウスマークであるか

  ⑤ 企業における多角経営の可能性

  ⑥ 商品間、役務間又は商品と役務間の関連性

  ⑦ 商品等の需要者の共通性その他取引の実情

なお、②の周知度の判断に当たっては、この基準第2（第3条第2項）の2．(2)及び(3)を準用し、また、必ずしも全国的に認識されていることを要しない。

(3)　外国において著名な標章について

　　外国において著名な標章が、我が国内の需要者によって広く認識されているときは、その事実を十分考慮して判断する。

2．他人の著名な商標を一部に有する商標について

(1)　他人の著名な商標と他の文字又は図形等と結合した商標は、その外観構成がまとまりよく一体に表されているもの又は観念上の繋がりがあるものなどを含め、商品等の出所の混同を生ずるおそれがあるものと推認して取り扱うものとする。

　　ただし、その他人の著名な商標が既成語の一部となっているもの、又は、指定商品若しくは指定役務との関係において出所の混同のおそれのないことが明白なものを除く。

　(例)　本号に該当する場合

　　①　商品「被服」について出願商標「arenoma ／ アレノマ」と
　　　　商品「カバン、バッグ」について著名な商標「renoma」「レノマ」

　　②　商品「おもちゃ」について、出願商標「パー・ソニー」、「パー ソニー」又は「パーソニー」と商品「電気機械器具」について、著名な商標「ソニー」

　(例)　本号に該当しない場合

　　　　商品「カメラ」について出願商標「POLAROID」と
　　　　商品「化粧品」について著名な商標「POLA」

　(解説)　指定商品又は指定役務との関係において混同を生ずるおそれがないと判断される。

(2)　他人の著名な商標を一部に有する商標における第4条第1項各号は、次のとおり取り扱うこととする。

　①　第4条第1項第10号に該当すると判断する場合

　　　他人の著名な未登録商標と類似であって、当該商標の使用に係る商品等と同一又は類似の商品等に使用すると認められるとき。

　②　第4条第1項第11号に該当すると判断する場合

　　　他人の著名な登録商標と類似であって、当該商標登録に係る指定商品若しくは指定役務と同一又は類似の商品等に使用すると認められるとき。

　③　第4条第1項第15号に該当すると判断する場合

　　　他人の著名な商標と類似しないと認められる場合又は他人の著名な商標と類似

していても商品等が互いに類似しないと認められる場合において、商品等の出所の混同を生ずるおそれがあるとき。

④　第４条第１項第19号に該当すると判断する場合

他人の著名な商標と類似していても、商品等が互いに類似せず、かつ、商品等の出所の混同を生ずるおそれもないと認められる場合において、不正の目的をもって使用をするものであるとき。

３．建築物等の形状を表示する立体商標について

(1)　建築物の形状（内装の形状を含む。以下同じ。）が当該出願前から他人の建築物の形状に係るものとして我が国の需要者の間に広く認識されているときは、本号に該当するものとする。

(2)　建築物に該当しない店舗、事務所、事業所及び施設の形状（内装の形状を含む。）についても、上記と同様に取り扱う。

（建築物に該当しない店舗、事務所、事業所及び施設の例）

移動販売車両、観光車両、旅客機、客船

４．著名性の認定に当たっては、防護標章登録を受けている商標又は審決、異議決定若しくは判決で著名な商標と認定された商標(注)については、その登録又は認定に従い著名な商標と推認して取り扱うものとする。

(注)　「特許情報プラットフォーム(J-PlatPat)」における「日本国周知・著名商標検索」でこれらの商標を検索することができる。

(参考)　その他「需要者の間に広く認識されている商標」に関連する資料については商標審査便覧を参照。

十四、第４条第１項第16号（商品の品質又は役務の質の誤認）

商品の品質又は役務の質の誤認を生ずるおそれがある商標

１．「商品の品質又は役務の質（以下本号において、「商品の品質等」という。）」について

(1)　「商品の品質等」とは、商品若しくは役務の普通名称、商品若しくは役務について慣用されている商標又はこの基準第１の五（第３条第１項第３号）の１．にいう「商品又は役務の特徴等」が表す品質若しくは質をいう。

(2)　商標構成中に、商品の品質等を表す文字等を有する場合であっても、全体として商品の品質等として認識できない場合には、商品の品質等を表さないと判断する。

　　特に、商標構成中に外国の国家名を有する場合には、既成語の一部となっている場合等国家名を認識しないことが明らかな場合に限り、商品の品質等を表さないと判断する。

(例)　外国の国家名を有する場合

①　商品の品質等を表すと判断する場合

商品「時計」について、商標「ＳＷＩＳＳＴＥＸ」

（解説）　既成語の一部ではないため、国家名としての「スイス連邦」を認識させる。

②　商品の品質等を表さないと判断する場合

商品「薬剤」について、商標「コロシアム」

（解説）　既成語の一部のため、国家名としての「ロシア連邦」を認識しない。

２．「誤認を生ずるおそれ」について

(1)　「誤認を生ずるおそれ」とは、商標が表す商品の品質等を有する商品の製造、販売又は役務の提供が現実に行われていることは要せず、需要者がその商品の品質等を誤認する可能性がある場合をいう。

(2)　「誤認を生ずるおそれ」の有無は、商標が表す商品の品質等と指定商品又は指定役務が関連しているか否か、及び商標が表す商品の品質等と指定商品又は指定役務が有する品質又は質が異なるか否かにより判断する。

(例１)　本号に該当する場合

商品「野菜」について、商標「ＪＰＯポテト」

（解説）　この場合、商標が表す商品の品質は、「普通名称としてのじゃがいも」であることから、指定商品「野菜」とは関連する商品であり、また、指定商品中「じゃがいも以外の野菜」が有する品質とは異なることから、本号に該当すると判

断する。

　　　なお、指定商品「じゃがいも」と、商品の品質等の誤認を生じさせることなく適正に表示されている場合はこの限りでない。

（例２）　本号に該当しない場合

①　商品「自転車」について、商標「ＪＰＯポテト」

　（解説）　この場合、商標が表す商品の品質である「普通名称としてのじゃがいも」とは関連しない指定商品「自転車」であることから、本号に該当しないと判断する。

②　商品「イギリス製の洋服」について、商標「ＪＰＯイギリス」

　（解説）　この場合、商標が表す商品の品質である「生産地としてのイギリス」と指定商品が有する品質が一致していることから、本号に該当しないと判断する。

③　役務「フランス料理の提供」について、商標「ＪＰＯフランス」

　（解説）　この場合、商標が表す役務の質である「料理の内容としてのフランス」と指定役務が有する質が一致していることから、本号に該当しないと判断する。

(3)　商標中に、商品の品質等を表す文字等を有する場合であっても、出願に係る商標が、出願人の店舗名、商号、屋号等を表すものとして需要者に広く認識されており、需要者が商品の品質等を誤認するおそれがないと認められるときには、本号に該当しないと判断する。

３．商標中に商品の品質等を保証するような文字、図形等がある場合

　商標中に「○○博覧会金牌受領」、「○○グランプリ受賞」等の博覧会の賞等を受賞した文字・図形等がある場合に、当該博覧会等が第４条第１項第９号の定める基準に該当しないときは、商品の品質等を表すものとして、博覧会の賞等を受賞した事実の立証を求め、立証されないときは、本号に該当すると判断する。

４．地域団体商標について

　地域団体商標は、これが商標中の地域の名称と密接な関連性を有する商品又は役務以外の商品又は役務について使用されるときは、商品の品質等の誤認を生じさせるおそれがあるものとして、本号に該当すると判断する。

　ただし、指定商品又は指定役務が、例えば、次のように商品の品質等の誤認を生じさせることなく適正に表示されている場合は、この限りでない。

①　地域の名称が当該商品の産地であれば、「○○（地域の名称）産の△△（商品名）」とする。

② 地域の名称が当該役務の提供の場所であれば、「○○（地域の名称）における△△（役務名）」とする。

③ 地域の名称が当該商品の主要な原材料の産地であれば、「○○（地域の名称）産の□□（原材料名）を主要な原材料とする△△（商品名）」とする。

④ 地域の名称が当該商品の製法の由来地であれば、「○○（地域の名称）に由来する製法により生産された△△（商品名）」とする。ただし、例えば、「インドカレー」、「江戸前すし」のように地域との密接な関連性が希薄となり、一般的な製法と認識されるに至っている場合は、除かれる。

なお、上記は、地域団体商標における指定商品が「○○（地域の名称）に由来する製法により生産された△△（商品名）」と記載されている場合において、需要者がその商品について○○産の商品、又は、主に○○産の□□（原材料名）を用いた商品であるかのように品質を誤認するおそれがあるときに、本号の適用を妨げるものではない。

５．本号に該当する場合の商標の補正について

本号に該当する場合の商標の補正については、この基準第13（第16条の2及び第17条の2）の１．（2）（ｲ）参照。

十五、第４条第１項第17号（ぶどう酒又は蒸留酒の産地の表示）

> 日本国のぶどう酒若しくは蒸留酒の産地のうち特許庁長官が指定するものを表示する標章又は世界貿易機関の加盟国のぶどう酒若しくは蒸留酒の産地を表示する標章のうち当該加盟国において当該産地以外の地域を産地とするぶどう酒若しくは蒸留酒について使用をすることが禁止されているものを有する商標であつて、当該産地以外の地域を産地とするぶどう酒又は蒸留酒について使用をするもの

１．「産地のうち特許庁長官が指定するものを表示する標章」及び「産地を表示する標章」について

　産地を当該産地における文字で表示した標章のみならず、例えば、片仮名で表示した標章、その他その翻訳と認められる文字で表示した標章を含む。

　（例）　片仮名で表示した標章

　　　　　「BORDEAUX」を「ボルドー」

　　　　　「CHAMPAGNE」を「シャンパーニュ」

　　　　　「琉球」を「リュウキュウ」

　（例）　その他その翻訳と認められる文字で表示した標章

　　　　　「BOURGOGNE」（仏語）を「BURGUNDY」（英語）

２．「有する」について

　産地の誤認混同の有無は問わず、形式的に構成中に含むか否かにより判断するものとする。

　（例）　「有する」場合

　　　　　商品「しょうちゅう」について、商標「琉球の光」

　　　　　商品「ぶどう酒」について、商標「山梨産ボルドー風ワイン」

　　　　　商品「ぶどう酒」について、商標「CHAMPAGNE style」

３．「ぶどう酒」及び「蒸留酒」について

　本号にいう「ぶどう酒」には、アルコール強化ぶどう酒が含まれるものとする。また、「蒸留酒」には、例えば、泡盛、しょうちゅう、ウイスキー、ウォッカ、ブランデー、ラム、ジン、カオリャンチュー、パイカル等が含まれるが、リキュールは含まれないものとする。

十六、第4条第1項第18号(商品等が当然に備える特徴)

商品等(商品若しくは商品の包装又は役務をいう。第二十六条第一項第五号において同じ。)が当然に備える特徴のうち政令で定めるもののみからなる商標

商標法施行令
第一条の二　商標法第四条第一項第十八号及び第二十六条第一項第五号の政令で定める特徴は、立体的形状、色彩又は音(役務にあつては、役務の提供の用に供する物の立体的形状、色彩又は音)とする。

1．本号を適用する場合について

　商品若しくは商品の包装又は役務の提供の用に供する物(以下「商品等」という。)が「当然に備える特徴」は、原則として、第3条第1項第3号に該当する商品等の特徴に含まれるものであるため、審査において第4条第1項第18号を適用するか否かが問題となるのは、第3条第1項第3号に該当するものであるが、実質的には第3条第2項に該当すると認められる商標についてである。

2．商品等が「当然に備える特徴」について

　商品等が「当然に備える特徴」について、第3条第2項に該当するか否かの判断において提出された証拠方法等から、次の(1)、(2)又は(3)を確認する。

　(1)　立体商標について

　　(ｱ)　出願商標が、商品等の性質から通常備える立体的形状のみからなるものであること。

　　(ｲ)　出願商標が、商品等の機能を確保するために不可欠な立体的形状のみからなるものであること。

　(2)　色彩のみからなる商標について

　　次の(ｱ)及び(ｲ)を確認する。

　　(ｱ)　出願商標が、商品等から自然発生する色彩のみからなるものであること。

　　(ｲ)　出願商標が、商品等の機能を確保するために不可欠な色彩のみからなるものであること。

　(3)　音商標について

　　次の(ｱ)及び(ｲ)を確認する。

　　(ｱ)　出願商標が、商品等から自然発生する音のみからなるものであること。

　(イ)　出願商標が、商品等の機能を確保するために不可欠な音のみからなるものであること。

(4)　上記(1)(イ)、(2)(イ)又は(3)(イ)を確認するにあたっては、下記(ア)及び(イ)を考慮するものとする。

　(ア)　商品等の機能を確保できる代替的な立体的形状、色彩又は音が他に存在するか否か。

　(例)

　　①　商品等の構造又は機構上不可避に生じる音であるか否か。

　　②　人工的に付加された音であるか否か。

　(イ)　代替可能な立体的形状、色彩又は音が存在する場合でも、同程度(若しくはそれ以下)の費用で生産できるものであるか否か。

十七、第４条第１項第19号（他人の周知商標と同一又は類似で不正の目的をもつて使用をする商標）

> 他人の業務に係る商品又は役務を表示するものとして日本国内又は外国における需要者の間に広く認識されている商標と同一又は類似の商標であつて、不正の目的（不正の利益を得る目的、他人に損害を加える目的その他の不正の目的をいう。以下同じ。）をもつて使用をするもの（前各号に掲げるものを除く。）

１．「他人の業務に係る商品又は役務を表示するものとして日本国内又は外国における需要者の間に広く認識されている商標」について

　(1)　需要者の認識について

　　　需要者の間に広く認識されているか否かの判断については、この基準第３の九（第４条第１項第10号）の１．を準用する。

　(2)　「外国における需要者の間に広く認識されている商標」について

　　　我が国以外の一の国において周知であることは必要であるが、必ずしも複数の国において周知であることを要しないものとする。また、商標が外国において周知であるときは、我が国における周知性は問わないものとする。

２．「同一又は類似の商標」について

　「需要者の間に広く認識されている」他人の商標と他の文字又は図形等と結合した商標は、その外観構成がまとまりよく一体に表されているもの又は観念上の繋がりがあるものを含め、その他人の商標と類似するものと判断する。

　ただし、その他人の商標が既成語の一部となっていることが明らかな場合等を除く。

　(例)　該当例は、この基準第３の十（第４条第１項第11号）の４．(2)(ｱ)②と同様である。

３．「不正の目的」について

　(1)　考慮事由について

　　　「不正の目的」の認定にあたっては、例えば、以下の①から⑥に示すような資料が存する場合には、当該事実を十分勘案するものとする。

　　①　その他人の商標が需要者の間に広く知られている事実

　　②　その周知商標が造語よりなるものであるか、又は、構成上顕著な特徴を有するものであるか

　　③　その周知商標の所有者が、我が国に進出する具体的計画（例えば、我が国への

　　輸出、国内での販売等)を有している事実

　④　その周知商標の所有者が近い将来、事業規模の拡大の計画(例えば、新規事業、新たな地域での事業の実施等)を有している事実

　⑤　出願人から商標の買取りや代理店契約締結等の要求を受けている事実、又は出願人が外国の権利者の国内参入を阻止しようとしている事実

　⑥　出願人がその商標を使用した場合、その周知商標に化体した信用、名声、顧客吸引力等を毀損させるおそれがあること

(2)　不正の目的をもって使用するものと推認する場合

　　以下の①及び②の要件を満たすような商標登録出願に係る商標については、他人の周知な商標を不正の目的をもって使用するものと推認して取り扱うものとする。

　①　一以上の外国において周知な商標又は日本国内で全国的に知られている商標と同一又は極めて類似するものであること。

　②　その周知な商標が造語よりなるものであるか、又は、構成上顕著な特徴を有するものであること。

4．本号該当性の判断について

　本号該当性については、周知度、商標の同一又は類似性の程度、不正の目的のそれぞれの判断要素を総合的に勘案して判断する。

　(例)　本号に該当する場合

　①　外国で周知な他人の商標と同一又は類似の商標が我が国で登録されていないことを奇貨として、高額で買い取らせるために先取り的に出願したもの、又は外国の権利者の国内参入を阻止し若しくは代理店契約締結を強制する目的で出願したもの。

　②　日本国内で全国的に知られている商標と同一又は類似の商標について、出所の混同のおそれまではなくても出所表示機能を稀釈化させたり、その名声等を毀損させる目的をもって出願したもの。

十八、第４条第３項（第４条第１項各号の判断時期）

第一項第八号、第十号、第十五号、第十七号又は第十九号に該当する商標であつても商標登録出願の時に当該各号に該当しないものについては、これらの規定は、適用しない。

１．第４条第１項各号の判断時期について

(1)　第４条第１項第１号から第７号、第９号、第11号、第12号、第14号、第16号又は第18号に該当するか否かの判断時期は、査定時とする。

(2)　第４条第１項第８号、第10号、第15号、第17号又は第19号を適用するには、その商標登録出願が、出願時において各号の規定に該当し、かつ、査定時においても該当しなければならない。

２．国際商標登録出願等における「商標登録出願の時」について

国際商標登録出願等が第４条第１項第８号、第10号、第15号、第17号又は第19号に該当するか否かの判断時期となる「商標登録出願の時」とは、以下のとおりとする。

出　　　願	判　断　時　期
国際商標登録出願	国際登録の日又は事後指定の日
第68条の10に規定する出願時の特例の適用のある国際商標登録出願	該当する国内登録の登録商標に係る商標登録出願の日 　なお、第68条の10に規定する特例は、国内登録における指定商品又は指定役務と重複している範囲について認められることとなるので、その重複している指定商品又は指定役務ごとに商標登録出願の日が異なる場合がある
第68条の32に規定する商標登録出願（セントラルアタック後の国内出願）又は第68条の33に規定する商標登録出願（議定書廃棄後の商標登録出願）	国際登録の日又は事後指定の日

十九、第４条第４項（先願に係る他人の登録商標の例外）

> 第一項第十一号に該当する商標であつても、その商標登録出願人が、商標登録を受けることについて同号の他人の承諾を得ており、かつ、当該商標の使用をする商品又は役務と同号の他人の登録商標に係る商標権者、専用使用権者又は通常使用権者の業務に係る商品又は役務との間で混同を生ずるおそれがないものについては、同号の規定は、適用しない。

１．本項の適用について

　この基準第３の十(第４条第１項第11号)１.(1)により、指定商品又は指定役務における一般的・恒常的な取引の実情を考慮して類似と判断された商標であっても、引用商標権者の承諾があり、かつ、引用商標と出願商標（以下「両商標」という。）に関する具体的な事情（下記４.(3)参照）を考慮した結果、出所混同のおそれが生じないといえるものについては、本項を適用するものとする。

２．「他人の承諾」について

　「他人の承諾」は、商標登録出願に係る商標の登録について承諾する旨の引用商標権者の意思表示であって、査定時においてあることを要する。

３．「当該商標の使用をする商品又は役務と同号の他人の登録商標に係る商標権者、専用使用権者又は通常使用権者の業務に係る商品又は役務」について

　「当該商標の使用をする商品又は役務と同号の他人の登録商標に係る商標権者、専用使用権者又は通常使用権者の業務に係る商品又は役務」は、第４条第１項第11号の判断において互いに同一又は類似の関係とされた、両商標に係る指定商品又は指定役務のうち、出願人が出願商標を現に使用し、又は使用する予定の商品又は役務（以下「商品等」という。）及び同号の他人の登録商標に係る商標権者、専用使用権者又は通常使用権者が登録商標を現に使用し、又は使用する予定の商品等のことをいう。

４．「混同を生ずるおそれがない」について

　(1)　「混同を生ずるおそれ」について

　　　「混同を生ずるおそれ」は、第４条第１項第11号における他人の登録商標に係る商標権者、専用使用権者又は通常使用権者の業務に係る商品等であると誤認し、その商品等の需要者が商品等の出所について混同するおそれのみならず、その他人の登録商標に係る商標権者、専用使用権者又は通常使用権者と経済的又は組織的に何等かの

関係がある者の業務に係る商品等であると誤認し、その商品等の需要者が商品等の出所について混同するおそれをもいう。

(2)　「混同を生ずるおそれがない」ことが求められる時点・期間

　　　「混同を生ずるおそれがない」に該当するためには、査定時を基準として、査定時現在のみならず、将来にわたっても混同を生ずるおそれがないと判断できることを要する。

(3)　考慮事由

　　　「混同を生ずるおそれがない」に該当するか否かは、例えば、下記の①から⑧のような、両商標に関する具体的な事情を総合的に考慮して判断する。なお、引用商標と同一の商標（縮尺のみ異なるものを含む。）であって、同一の指定商品又は指定役務について使用するものは、原則として混同を生ずるおそれが高いものと判断する。

①　両商標の類似性の程度
②　商標の周知度
③　商標が造語よりなるものであるか、又は構成上顕著な特徴を有するものであるか
④　商標がハウスマークであるか
⑤　企業における多角経営の可能性
⑥　商品間、役務間又は商品と役務間の関連性
⑦　商品等の需要者の共通性
⑧　商標の使用態様その他取引の実情

　　　「⑧商標の使用態様その他取引の実情」としては、例えば、次のような事項が考えられる。出願人から具体的な商標の使用態様その他取引の実情を明らかにする証拠の提出がある場合は、その内容を考慮する。

　a.　使用する商標の構成
　（例）結合商標の構成要素である図形と文字を常に同じ位置関係で使用していること
　　　　常に特定の色や書体を使用していること
　b.　商標の使用方法
　（例）商品の包装の特定の位置にのみ使用していること
　　　　常に社名・社章等の他の標章を併用していること

常に打消し表示（特定の他者の業務に係る商品等であることを否定する表示）を付加していること

  c.　使用する商品等

  （例）一方は引用商標を指定商品「コンピュータプログラム」の中で商品「ゲーム用コンピュータプログラム」にのみ使用し、他方は出願商標を商品「医療用コンピュータプログラム」にのみ使用していること

    一方は一定金額以上の高価格帯の商品にのみ使用し、他方は一定金額以下の低価格帯の商品にのみ使用していること

  d.　販売・提供方法

  （例）一方は小売店等で不特定多数に販売し、他方は個別営業による受注生産のみを行っていること

  e.　販売・提供の時季

  （例）一方は春季のみ販売し、他方は秋季のみ販売していること

  f.　販売・提供地域

  （例）一方は北海道の店舗でのみ販売し、他方は沖縄県の店舗でのみ販売していること

  g.　混同を防止するために当事者間でとることとされた措置

  （例）両商標に混同を生ずるおそれを認めたときは、相手方にその旨を通知し、協議の上、混同の防止又は解消のための措置をとること

(4)　将来の混同を生ずるおそれを否定する方向に考慮できる事情

　「混同を生ずるおそれがない」の判断の際に考慮される両商標に関する具体的な事情には、査定後に変動することが予想されるものが含まれるところ、査定後に変動し得る事情に基づいて併存登録された場合、それら商標の使用によって、将来両商標の間に混同を生ずるおそれが否定できない。そのため、将来の混同のおそれを否定する方向に考慮することができる事情は、上記事情のうち、将来にわたって変動しないと認められる事情とする。例えば、下記のような場合は、その内容を考慮する。

①　将来にわたって変更しないことが合意されている場合

　出願人から、両商標に関する具体的な事情を将来にわたって変更しない旨の当事者間における合意（例えば、常に社名を併用すること等、上記(3)⑧a.からg.に掲げるような具体的な事情を変更しない旨の合意）又はその要約が記載された書類が提出された場合。

② 将来にわたって変動しないことが証拠から認められる場合

上記の合意に基づく場合のほか、両商標に関する具体的な事情が、提出された証拠等により、将来にわたって変動しないと認められる合理的な理由がある場合。

(5) 混同を生ずるおそれが認められる場合

上記 (1)から(4)を踏まえ審査をした結果、混同を生ずるおそれが認められるとの心証を得た場合には、その商標登録出願は、第4条第1項第11号の規定に基づき拒絶するものとする。なお、そのような場合であっても、原則として、直ちに拒絶をすることなく、追加資料の提出等を求めるものとする。

第4 第5条

（商標登録出願）

第五条　商標登録を受けようとする者は、次に掲げる事項を記載した願書に必要な書面を添付して特許庁長官に提出しなければならない。

一　商標登録出願人の氏名又は名称及び住所又は居所

二　商標登録を受けようとする商標

三　指定商品又は指定役務並びに第6条第2項の政令で定める商品及び役務の区分

2　次に掲げる商標について商標登録を受けようとするときは、その旨を願書に記載しなければならない。

一　商標に係る文字、図形、記号、立体的形状又は色彩が変化するものであつて、その変化の前後にわたるその文字、図形、記号、立体的形状若しくは色彩又はこれらの結合からなる商標

二　立体的形状（文字、図形、記号若しくは色彩又はこれらの結合との結合を含む。）からなる商標（前号に掲げるものを除く。）

三　色彩のみからなる商標（第一号に掲げるものを除く。）

四　音からなる商標

五　前各号に掲げるもののほか、経済産業省令で定める商標

3　商標登録を受けようとする商標について、特許庁長官の指定する文字（以下「標準文字」という。）のみによつて商標登録を受けようとするときは、その旨を願書に記載しなければならない。

4　経済産業省令で定める商標について商標登録を受けようとするときは、経済産業省令で定めるところにより、その商標の詳細な説明を願書に記載し、又は経済産業省令で定める物件を願書に添付しなければならない。

5　前項の記載及び物件は、商標登録を受けようとする商標を特定するものでなければならない。

6　商標登録を受けようとする商標を記載した部分のうち商標登録を受けようとする商標を記載する欄の色彩と同一の色彩である部分は、その商標の一部でないものとみなす。ただし、色彩を付すべき範囲を明らかにしてその欄の色彩と同一の色彩を付すべき旨を表示した部分については、この限りでない。

商標法施行規則

第四条の七 商標法第五条第二項第五号（同法第六十八条第一項において準用する場合を含む。）の経済産業省令で定める商標は、位置商標とする。

第四条の八 商標法第五条第四項（同法第六十八条第一項において準用する場合を含む。以下同じ。）の経済産業省令で定める商標は、次のとおりとする。

一 動き商標

二 ホログラム商標

三 立体商標

四 色彩のみからなる商標

五 音商標

六 位置商標

2 商標法第五条第四項の記載又は添付は、次の各号に掲げる区分に応じ、それぞれ当該各号に定めるところにより行うものとする。

一 動き商標 商標の詳細な説明の記載

二 ホログラム商標 商標の詳細な説明の記載

三 立体商標 商標の詳細な説明の記載（商標登録を受けようとする商標を特定するために必要がある場合に限る。第五号において同じ。）

四 色彩のみからなる商標 商標の詳細な説明の記載

五 音商標 商標の詳細な説明の記載及び商標法第五条第四項の経済産業省令で定める物件の添付

六 位置商標 商標の詳細な説明の記載

1．「必要な書面」について

　第5条第1項にいう「必要な書面」とは、例えば、下記のような書面をいう。なお、各書面は、いずれもすべての出願について必要とするものではなく、必要な場合にのみ提出すれば足りるものとする。

（例）

　（ア）商標の使用又は使用の意思に関する書類

　（イ）商標登録を受けようとする商標を記載する欄（以下「商標記載欄」という。）の色彩と同一の色彩を付す場合の当該部分を説明した書面

　（ウ）指定商品の材料、製法、構造、用法、用途等を説明した書面、又は指定役務の質、効能、用途等を説明した書面

　なお、立体商標、動き商標、ホログラム商標、色彩のみからなる商標、音商標及び位置商標について、第5条第4項で規定する商標の詳細な説明（以下「商標の詳細な説明」という。）に記載した内容は、本項にいう「必要な書面」に同じ内容を記載して提出する必要はない。

2．願書に第5条第2項各号で規定する商標である旨の記載がない場合は、通常の出願として取り扱うものとする。

3．「標準文字」について
　(1)　標準文字によるものと認められる商標登録出願に係る商標は、願書に記載されたものでなく、標準文字に置き換えて現されたものとする。
　(2)　標準文字である旨が記載された商標登録出願であって、願書に記載された商標の構成から、標準文字によるものと認められない場合は、通常の出願として取り扱うものとする。
　　　(ｱ)　標準文字による出願と認められる商標の記載例

とっきょちょう	国際ハーモのＪｐｏ	特　許　庁
文字の大きさが異なるが促音・拗音を表示する文字と通常の文字のポイント数は同じである。	漢字、平仮名、アルファベット等を併せて記載することは可能である。大文字と小文字のポイント数は同じである。	スペースは連続しなければ複数用いることができる。

　　　(ｲ)　標準文字による出願とは認められない商標の記載例
　　　　①　図形のみの商標、図形と文字の結合商標

	✌特許庁	特許庁商標課

　　　　②　指定文字以外の文字を含む商標

③　文字数の制限30文字を超える文字数(スペースも文字数に加える。)からなる
　　商標

④　縦書きの商標、2段以上の構成からなる商標

⑤　ポイントの異なる文字を含む商標

⑥　色彩を付した商標

⑦　文字の一部が図形的に、又は異なる書体で記載されている商標

⑧　花文字等特殊文字、草書体等特殊書体等で記載された商標

⑨　上記①から⑧以外のものであって、記載文字が容易に特定できない商標

4.「商標の詳細な説明」及び「物件」について

　商標の詳細な説明及び経済産業省令で定める物件(以下「物件」という。)が商標登録を

受けようとする商標を特定するものであるか否かについては、立体商標、動き商標、ホログラム商標、色彩のみからなる商標、音商標又は位置商標のうち、いずれかの商標として願書中の商標記載欄へ記載した商標（以下「願書に記載した商標」という。）と、商標の詳細な説明又は物件の商標の構成及び態様が一致するか否かを判断するものとする。

　これらが一致する場合には、特定されたものとする。

　一致しない場合においても、願書に記載した商標の構成及び態様の範囲に、商標の詳細な説明又は物件が含まれているか否かを判断し、その範囲に、商標の詳細な説明又は物件が含まれているときには、特定されたものとする。

　(1)　立体商標について

　　(ｱ)　立体商標を特定するものと認められる例

　　　立体商標を構成する標章についての具体的かつ明確な説明が記載されている場合。

　　(例1)

【商標登録を受けようとする商標】

【立体商標】

【商標の詳細な説明】

　　商標登録を受けようとする商標（以下「商標」という。）は、立体商標であり、３つの多面体を含む店舗の外観を表す立体的形状からなる。

　　なお、破線は、店舗の形状の一例を示したものであり、商標を構成する要素ではない。

【指定商品又は指定役務並びに商品及び役務の区分】

　【第43類】

　【指定商品（指定役務）】飲食物の提供

（例2）

【商標登録を受けようとする商標】

【立体商標】

【商標の詳細な説明】

　この商標登録出願に係る商標（以下「商標という。」）は、店舗の内部の構成を表示した立体商標であり、照明器具、コの字型のカウンター、椅子の座面及びカウンターに接して設置された酒や料理等の提供台を含む店舗の内装の立体的形状からなる。

　なお、破線は、店舗の内装の形状の一例を示したものであり、商標を構成する要素ではない。

【指定商品又は指定役務並びに商品及び役務の区分】

　【第43類】

　【指定商品(指定役務)】飲食物の提供

　(イ)　立体商標を特定するものと認められない例

　　①　願書に記載した商標と商標の詳細な説明に記載されている標章が一致しない場合(願書に記載した商標に記載されていない標章が、商標の詳細な説明に記載されている場合を含む。)。

　　②　願書に記載した商標が、標章を実線で描き、その他の部分を破線で描く等の記載方法を用いた立体商標である場合に、商標の詳細な説明に当該その他の部分の記載がされていない場合。

(2)　動き商標について

　(ア)　動き商標を特定するものと認められる例

　　動き商標を構成する標章の説明及び時間の経過に伴う標章の変化の状態(変化の順番、全体の所要時間等)についての具体的かつ明確な記載がある場合。

5

（例1） 一枚の図によって記載されている例（標章が変化せず移動する例）

【商標登録を受けようとする商標】

【動き商標】

【商標の詳細な説明】

　　商標登録を受けようとする商標（以下「商標」という。）は、動き商標である。

　　鳥が、左下から破線の軌跡に従って、徐々に右上に移動する様子を表している。この動き商標は、全体として3秒間である。

　　なお、図中の破線矢印は、鳥が移動する軌跡を表すための便宜的なものであり、商標を構成する要素ではない。

（例2） 異なる複数の図によって記載されている例

【商標登録を受けようとする商標】

【動き商標】

【商標の詳細な説明】

　　商標登録を受けようとする商標（以下「商標」という。）は、動き商標である。

　　鳥が、図1から図5にかけて翼を羽ばたかせながら、徐々に右上に移動する様子を表している。この動き商標は、全体として3秒間である。

　　なお、各図の右下隅に表示されている番号は、図の順番を表したものであり、商標を構成する要素ではない。

　(ｲ)　動き商標を特定するものと認められない例

　　①　願書に記載した商標と商標の詳細な説明に記載されている標章が一致しない

　　　　場合（願書に記載した商標に記載されていない標章が、商標の詳細な説明に記載

されている場合及び願書に記載した商標に記載されている標章が、商標の詳細な説明に記載されていない場合を含む。）。

②　願書に記載した商標と商標の詳細な説明に記載されている標章の変化の状態（例：変化の順番）が一致しない場合。

(3)　ホログラム商標について

(ア)　ホログラム商標を特定するものと認められる例

ホログラム商標を構成する標章の説明及びホログラフィーその他の方法による視覚効果（立体的に描写される効果、光の反射により輝いて見える効果、見る角度により別の表示面が見える効果等。以下「視覚効果」という。）により変化する状態についての具体的かつ明確な説明がある場合。

(例)

【商標登録を受けようとする商標】

  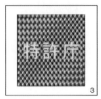

【ホログラム商標】

【商標の詳細な説明】

　商標登録を受けようとする商標（以下「商標」という。）は、見る角度により別の表示面が見えるホログラム商標である。左側から見た場合には、図1に示すとおり、正面から見た場合には、図2に示すとおり、右側から見た場合には、図3に示すとおりである。

　なお、商標の右下隅に表示されている番号は、図の順番を表したものであり、商標を構成する要素ではない。

(イ)　ホログラム商標を特定するものと認められない例

①　願書に記載した商標と商標の詳細な説明に記載されている標章が一致しない場合（願書に記載した商標に記載されていない標章が、商標の詳細な説明に記載されている場合及び願書に記載した商標に記載されている標章が、商標の詳細な説明に記載されていない場合を含む。）。

②　願書に記載した商標と商標の詳細な説明に記載されている視覚効果が一致し

5

　　ない場合。
（4）　色彩のみからなる商標について
　（ア）　色彩のみからなる商標を特定するものと認められる例
　　　　色彩のみからなる商標を構成する色彩を特定するための色彩名、三原色（RGB）の
　　　配合率、色見本帳の番号、色彩の組み合わせ方（色彩を組合せた場合の各色の配置
　　　や割合等）等についての具体的かつ明確な説明が記載されている場合。
　　　（例1）　単色

【商標登録を受けようとする商標】

【色彩のみからなる商標】
【商標の詳細な説明】
　　商標登録を受けようとする商標は、色彩のみからなる商標であり、赤色（RGBの組
　合せ：R255，G0，B0）のみからなるものである。

　　　（例2）　色彩の組合せ

【商標登録を受けようとする商標】

【色彩のみからなる商標】
【商標の詳細な説明】
　　商標登録を受けようとする商標（以下「商標」という。）は、色彩の組合せからなる色
　彩のみからなる商標である。色彩の組合せとしては、赤色（RGBの組合せ：R255，G0，
　B0）、青色（RGBの組合せ：R0，G0，B255）、黄色（RGBの組合せ：R255，G255，B0）、
　緑色（RGBの組合せ：R255，G128，B0）であり、配色は、上から順に、赤色が商標の縦
　幅の50パーセント、同じく青色25パーセント、黄色15パーセント、緑色10パーセント
　となっている。

（例3）　商品等における位置を特定

【商標登録を受けようとする商標】

【色彩のみからなる商標】

【商標の詳細な説明】

　　商標登録を受けようとする商標（以下「商標」という。）は、色彩のみからなる商標であり、包丁の柄の部分を赤色（RGBの組合せ：R255，G0，B0）とする構成からなる。

　　なお、破線は、商品の形状の一例を示したものであり、商標を構成する要素ではない。

【指定商品又は指定役務並びに商品及び役務の区分】

　【第8類】

　【指定商品（指定役務）】包丁

（例４）　商品等における位置を特定

【商標登録を受けようとする商標】

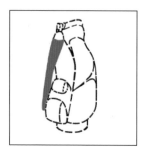

【色彩のみからなる商標】

【商標の詳細な説明】

　商標登録を受けようとする商標(以下「商標」という。)は、色彩のみからなる商標であり、ゴルフクラブ用バッグのベルトの部分を赤色(RGBの組合せ：R255，G0，B0)とする構成からなる。

　なお、破線は、商品の形状の一例を示したものであり、商標を構成する要素ではない。

【指定商品又は指定役務並びに商品及び役務の区分】

　【第28類】

　【指定商品(指定役務)】ゴルフクラブ用バッグ

　(ｲ)　色彩のみからなる商標を特定するものと認められない例

　①　願書に記載した商標と商標の詳細な説明に記載されている標章(色彩)が一致しない場合(願書に記載した商標に記載されていない標章が、商標の詳細な説明に記載されている場合及び願書に記載した商標に記載されている標章が、商標の詳細な説明に記載されていない場合を含む。)。

　②　色彩を組合せたものである場合に、願書に記載した商標と商標の詳細な説明に記載された各色の配置や割合等が一致しないとき。

　③　色彩を付する位置を特定したものである場合に、願書に記載した商標と商標の詳細な説明に記載された色彩を付する位置が一致しないとき。

(5)　音商標について

　　音商標について、願書に記載した商標に記載がない事項(演奏楽器や声域等の音色等。ただし、歌詞等の言語的要素を除く。)は、物件及び商標の詳細な説明(商標登録を受けようとする商標を特定するために必要な場合に限る。)により特定するものとする。

　(ア)　五線譜で表されている音商標について

　①　音商標を特定するものと認められる例

　　a.　願書に記載した商標に演奏楽器としてピアノが記載され、物件がピアノにより演奏されたと認識される音声ファイルである場合。

　　b.　願書に記載した商標に演奏楽器について記載されておらず、物件がピアノにより演奏されたと認識される音声ファイルである場合。

　②　音商標を特定するものと認められない例

　　a.　願書に記載した商標に演奏楽器としてピアノが記載され、物件がギターにより演奏されたと認識される音声ファイルである場合。

　　b.　願書に記載した商標に演奏楽器について記載されておらず、物件がギターにより演奏されたと認識される音声ファイルであり、かつ、商標の詳細な説明にはバイオリンで演奏されたものである旨の記載がある場合。

　(イ)　文字で表されている音商標について(自然音等)

　①　音商標を特定するものと認められる例

　　　願書に記載した商標が、「本商標は、『パンパン』と2回手をたたく音が聞こえた後に、『ニャオ』という猫の鳴き声が聞こえる構成となっており、全体で3秒間の長さである。」という文章であり、物件が「パンパン、ニャオ」と聞こえ、全体で3秒間の音声ファイルである場合。

　②　音商標を特定するものと認められない例

　　　願書に記載した商標が、上記①と同一の文章であり、物件が「パンパン」と聞こえ、全体で2秒間の音声ファイルである場合。

(6)　位置商標について

　(ア)　位置商標を特定するものと認められる例

　　　位置商標を構成する標章及びこの標章を付する商品等における位置(部位の名称等)についての具体的かつ明確な説明が記載されている場合。

（例１）

【商標登録を受けようとする商標】

【位置商標】

【商標の詳細な説明】

　　商標登録を受けようとする商標（以下「商標」という。）は、標章を付する位置が特定された位置商標であり、包丁の柄の中央部分の周縁に付された図形からなる。

　　なお、破線は、商品の形状の一例を示したものであり、商標を構成する要素ではない。

【指定商品又は指定役務並びに商品及び役務の区分】

　【第８類】

　【指定商品（指定役務）】包丁

（例2）

【商標登録を受けようとする商標】

【位置商標】

【商標の詳細な説明】

　　商標登録を受けようとする商標（以下「商標」という。）は、標章を付する位置が特定された位置商標であり、ゴルフクラブ用バッグの側面下部に付された図形の構成からなる。

　　なお、破線は、商品の形状の一例を示したものであり、商標を構成する要素ではない。

【指定商品又は指定役務並びに商品及び役務の区分】

　　【第28類】

　　【指定商品（指定役務）】ゴルフクラブ用バッグ

　（ｲ）　位置商標を特定するものと認められない例

　　①　願書に記載した商標と商標の詳細な説明に記載されている標章が一致しない場合（願書に記載した商標に記載されていない標章が、商標の詳細な説明に記載されている場合及び願書に記載した商標に記載されている標章が、商標の詳細な説明に記載されていない場合を含む。）。

　　②　願書に記載した商標と商標の詳細な説明に記載された商標を付する位置が一致しない場合。

5．国際商標登録出願における「standard characters」である旨の宣言の取扱い

　　国際商標登録出願に係る商標について「standard characters」である旨の宣言があっても、第5条第3項で規定する標準文字としては取り扱わないこととする。

6．国際商標登録出願における商標のタイプの記載の取扱い

国際商標登録出願に係る商標について、「動き商標」、「ホログラム商標」、「立体商標」、「色彩のみからなる商標」、「音商標」又は「位置商標」のいずれであるのかの判断については、原則として、次のとおりとする。

(1) 日本国を指定する領域指定(以下「指定通報」という。)に「Indication relating to the nature or kind of marks」の記載がある場合は、その記載内容から、原則として、次のように判断するものとする。

① 「Indication relating to the nature or kind of marks」に、「three-dimensional mark」と記載されていれば「立体商標」と判断するものとする。

② 「Indication relating to the nature or kind of marks」に、「mark consisting exclusively of one or several colors」と記載されていれば「色彩のみからなる商標」と判断するものとする。

③ 「Indication relating to the nature or kind of marks」に、「sound mark」と記載されていれば「音商標」と判断するものとする。

(2) 指定通報の「Description of the mark」の記載内容により、原則として、次のように判断するものとする。

① 「Description of the mark」に、「moving」等と表示されていれば「動き商標」と判断するものとする。

② 「Description of the mark」に、「hologram」等と表示されていれば「ホログラム商標」と判断するものとする。

③ 「Description of the mark」に、「positioning of the mark」や「position mark」等と表示されていれば「位置商標」と判断するものとする。

(3) 上記(1)及び(2)の記載内容によっても判断ができない場合には、商標登録を受けようとする商標の記載に基づいて判断するものとする。

例えば、商標登録を受けようとする商標を記載する欄に五線譜の記載があるが「Indication relating to the nature or kind of marks」の記載がなく、「Description of the mark」に「moving」、「hologram」、「positioning of the mark」又は「position mark」等の記載がない場合は、五線譜を商標登録を受けようとする商標とする図形商標として取り扱う。

7．国際商標登録出願における「商標の詳細な説明」の取扱い

国際商標登録出願に係る商標について、商標の詳細な説明については、次のとおりとする。

(1) 「色彩のみからなる商標」については、指定通報の「Colors claimed」と「Description of the mark」の記載事項を商標の詳細な説明とする。

(2) 「立体商標」、「音商標」、「動き商標」、「ホログラム商標」及び「位置商標」については、指定通報の「Description of the mark」の記載事項を商標の詳細な説明とする。

8．国際商標登録出願における「物件」の取扱い

　国際商標登録出願に係る商標について、物件は、国際登録簿に添付する手続がないことから、日本国を指定する領域指定時には、当該物件が添付されていないため、第5条第5項を適用し当該物件の提出を促すこととする。

第5　第6条

（一商標一出願）

第六条　商標登録出願は、商標の使用をする一又は二以上の商品又は役務を指定して、商標ごとにしなければならない。

2　前項の指定は、政令で定める商品及び役務の区分に従つてしなければならない。

3　前項の商品及び役務の区分は、商品又は役務の類似の範囲を定めるものではない。

1．一商標一出願について

　一つの商標登録出願では、「商標ごとにしなければならない」ことから、複数の商標を出願したと認められる場合は、第6条第1項の要件を具備しないものとする。

2．第6条第1項の要件を具備しない場合

（1）　指定商品又は指定役務の記載は、省令別表（商標法施行規則第6条）及び類似商品・役務審査基準に掲載されている商品又は役務の表示など、その商品又は役務の内容及び範囲が明確に把握できるものでなければならず、指定商品又は指定役務の表示が不明確なときは、第6条第1項の要件を具備しないものとして、拒絶の理由を通知する。

　　　（例）　第29類「食肉，その他本類に属する商品」

　　　　　　第39類「貨物車による輸送，その他本類に属する役務」

（2）　指定商品又は指定役務の表示中に、特定の商品又は役務を表すものとして登録商標が用いられている場合は、第6条第1項の要件を具備しないものとして、拒絶の理由を通知する。

3．第6条第2項の要件を具備しない場合

　指定商品又は指定役務の表示は明確であるが、政令（商標法施行令第2条）で定める商品及び役務の区分に従っていないときは、第6条第2項の要件を具備しないものとして、拒絶の理由を通知する。

　　（例）　第9類「時計」

　　　　　この場合は、「第14類　時計」と補正することができる。

第36類「職業のあっせん」

この場合は、「第35類　職業のあっせん」と補正することができる。

（例）　第16類「雑誌，雑誌による広告」

この場合は、第16類「雑誌」、第35類「雑誌による広告」と補正することができる。

４．第６条第１項及び第２項の要件を具備しない場合

　指定商品又は指定役務の表示が不明確で、かつ、政令で定める商品及び役務の区分に従ったものと判断できないときは、第６条第１項及び第２項の要件を具備しないものとして、拒絶の理由を通知する。

（例１）　複数の区分に属する可能性のある商品又は役務を以下のような表示をもって指定商品又は指定役務とするもの。

　　　第10類「衛生マスク及びその類似商品」

　　　第40類「廃棄物の処理及びその関連役務」

　　　（解説）「その類似商品」、「その関連役務」の表示は、複数の区分に属する可能性があり、不明確である。

　　　第７類「機械器具」

　　　（解説）「機械器具」の表示は、例えば、第10類「医療用機械器具」や第11類「冷凍機械器具」等も考えられるため、不明確である。

　　　第37類「機械器具の貸与」

　　　（解説）「機械器具の貸与」の表示は、例えば、第39類「包装用機械器具の貸与」や第40類「化学機械器具の貸与」等も考えられるため、不明確である。

（例２）「○○○店」（施設を指称）という表示をもって指定商品又は指定役務とするもの。

　　　第25類「百貨店」

　　　第42類「総合レンタル店」

（例３）　政令別表に掲載されている表示をもって指定商品又は指定役務とするもの。

　　　第12類「乗物その他移動用の装置」

　　　第32類「アルコールを含有しない飲料及びビール」

　ただし、政令別表に掲載されている表示と、省令別表に掲載されている商品又は役務の表示とが一致している場合など、商品若しくは役務の内容及び範囲又は帰属する商品及び役務の区分が明確なものはこの限りでない。

５．手続補正指示について

　上記２．(1)及び４．に係る拒絶理由の通知に対し、出願人が指定商品又は指定役務の

説明等を内容とする意見書又は物件提出書を提出した場合は、直ちに拒絶をすることなく、当該意見書又は物件提出書を斟酌し、例えば補正案を示すなど指定商品又は指定役務その他を適切な表示に補正すべきことを指示する（審査官名による手続補正指示）ものとする。

　この場合において、出願人が当該手続補正指示に対し何らの対応もしないとき又は的確な補正等を行わないときは、その商標登録出願は、先の拒絶理由に基づき拒絶するものとする。

6．小売等役務について

　小売等役務（小売又は卸売の業務において行われる顧客に対する便益の提供）については、次のとおり解するものとする。

(1)　小売等役務とは、小売又は卸売の業務において行われる総合的なサービス活動（商品の品揃え、陳列、接客サービス等といった最終的に商品の販売により収益をあげるもの）をいうものとする。

(2)　小売等役務には、小売業の消費者に対する商品の販売行為、卸売業の小売商人に対する商品の販売行為は含まれないものとする。

第6 第7条

（団体商標）

> **第七条** 一般社団法人その他の社団（法人格を有しないもの及び会社を除く。）若しくは
> 事業協同組合その他の特別の法律により設立された組合（法人格を有しないものを除
> く。）又はこれらに相当する外国の法人は、その構成員に使用をさせる商標について、
> 団体商標の商標登録を受けることができる。
> 2　前項の場合における第三条第一項の規定の適用については、同項中「自己の」とある
> のは、「自己又はその構成員の」とする。
> 3　第一項の規定により団体商標の商標登録を受けようとする者は、第五条第一項の商
> 標登録出願において、商標登録出願人が第一項に規定する法人であることを証明する
> 書面を特許庁長官に提出しなければならない。

1．主体について

　本条第1項の「その他の社団（法人格を有しないもの及び会社を除く。）」には、例えば、商
工会議所法に基づく商工会議所、商工会法に基づく商工会、特定非営利活動促進法に基づく
特定非営利活動法人（いわゆるNPO法人）等が含まれるものとする。

2．「構成員に使用をさせる商標」について

　団体商標の商標登録を受けようとする商標が「その構成員に使用をさせる」ものでないと
きは、第3条第1項柱書により登録を受けることができないものと判断する（この基準第1
の二（第3条第1項柱書）5．参照）。

3．「第一項に規定する法人であることを証明する書面」について

　(1)　団体商標の商標登録出願（国内出願）について、「第一項に規定する法人であることを
　　　証明する書面」の提出がない場合は、補正指令（方式）の対象となる。

　(2)　国際商標登録出願において「Collective mark, certification mark, or guarantee
　　　mark」（団体商標、証明商標又は保証商標）と記載されている場合であって、「第一項に規
　　　定する法人であることを証明する書面」の提出がない場合は、団体商標として第3条第
　　　1項柱書により登録を受けることができないものと判断する（この基準第1の二（第3
　　　条第1項柱書）4．(2)参照）。

第7　第7条の2

（地域団体商標）

一、第7条の2第1項柱書

> **第七条の二**　事業協同組合その他の特別の法律により設立された組合（法人格を有しないものを除き、当該特別の法律において、正当な理由がないのに、構成員たる資格を有する者の加入を拒み、又はその加入につき現在の構成員が加入の際に付されたよりも困難な条件を付してはならない旨の定めのあるものに限る。）、商工会、商工会議所若しくは特定非営利活動促進法（平成十年法律第七号）第二条第二項に規定する特定非営利活動法人又はこれらに相当する外国の法人（以下「組合等」という。）は、その構成員に使用をさせる商標であつて、次の各号のいずれかに該当するものについて、その商標が使用をされた結果自己又はその構成員の業務に係る商品又は役務を表示するものとして需要者の間に広く認識されているときは、第三条の規定（同条第一項第一号又は第二号に係る場合を除く。）にかかわらず、地域団体商標の商標登録を受けることができる。

1．主体要件について

　(1)　事業協同組合その他の特別の法律により設立された組合（以下「事業協同組合等」という。）の場合。

　　　　次の①及び②を確認する。

　　①　出願の際に提出された登記事項証明書その他の公的機関が発行した書面（以下「登記事項証明書等」という。）において、出願人が法人格を有する組合であること。

　　②　出願の際に提出された設立根拠法の写し又は願書に記載された設立根拠法の該当条文において、「正当な理由がないのに、構成員たる資格を有する者の加入を拒み、又はその加入につき現在の構成員が加入の際に付されたよりも困難な条件を付してはならない旨の定め」（以下「加入自由の定め」という。）があること。

　　　（例）

　　　中小企業等協同組合法　第14条

　　　農業協同組合法　第19条

　　　酒税の保全及び酒類業組合等に関する法律　第10条

　(2)　商工会、商工会議所（以下「商工会等」という。）又は特定非営利活動法人の場合

　　　　出願の際に提出された登記事項証明書等により、出願人が商工会法により設立された商工会であること、商工会議所法により設立された商工会議所であること又は特定

140

非営利活動促進法第2条第2項に規定する特定非営利活動法人であることを確認する。

(3) 事業協同組合等、商工会等又は特定非営利活動法人に相当する外国の法人の場合

(ア) 事業協同組合等に相当する外国の法人について

次の①、②及び③を確認する。

① 出願の際に提出された設立根拠法の写し又は願書に記載された設立根拠法の該当条文(これに準じる法令、通達、判例その他の公的機関が定めた文書で代替することが可能。以下「設立根拠法の写し等」という。)において、構成員の共同の利益の増進を目的とする旨の定めがあること。

なお、設立根拠法の写し等が当該国の制度上存在しない場合には、出願人に対し、定款(法人の目的、内部組織、活動等に関する根本規則。以下同じ。)の提出を求め、当該定款において上記に定める要件を満たしていること。

② 設立根拠法の写し等において、加入自由の定めがあること。

③ 出願人が法人であることを公的機関が証明した書面(例:法人証明書等)において、出願人が法人格を有すること。

(イ) 商工会等に相当する外国の法人について

次の①、②及び③を確認する。

① 設立根拠法の写し等において、商工業の改善発達を図ることを目的とする旨及び営利を目的としない旨の定めがあること。

なお、設立根拠法の写し等が当該国の制度上存在しない場合には、出願人に対し、定款の提出を求め、当該定款において上記に定める要件を満たしていること。

② 設立根拠法の写し等において、加入自由の定めがあること。

③ 出願人が法人であることを公的機関が証明した書面(例:法人証明書等)において、出願人が法人格を有すること。

(ウ) 特定非営利活動法人に相当する外国の法人について

次の①、②及び③を確認する。

① 設立根拠法の写し等において、営利を目的としない旨及び不特定かつ多数のものの利益の増進に寄与することを目的とし、特定非営利活動促進法第2条別表各号に掲げる活動のいずれかに該当する活動を行う旨の定めがあること。

なお、設立根拠法の写し等が当該国の制度上存在しない場合には、出願人に対し、定款の提出を求め、当該定款において上記に定める要件を満たしていること。

② 設立根拠法の写し等において、加入自由の定めがあること。

③ 出願人が法人であることを公的機関が証明した書面(例:法人証明書等)において、

　　出願人が法人格を有すること。

2．「構成員に使用をさせる商標」について

　設立根拠法からして、構成員に商標を使用させることが想定されない組合（例えば、消費生活協同組合、船主責任相互保険組合、農業共済組合）が出願人である場合など、本願商標を構成員に使用させないことが明らかである場合には、地域団体商標の商標登録を受けようとする商標は「構成員に使用をさせる商標」ではないものとして、本項柱書により商標登録を受けることができる商標に該当しないと判断する。

3．「自己又はその構成員の業務に係る商品又は役務を表示するものとして需要者の間に広く認識されている」に該当するかどうかについては、職権で調査を行うこととするが、商標法施行規則様式第3の2備考4「商標法第7条の2第1項に係る商標として需要者の間に広く認識されていることを証明する書類」の提出があった場合には、当該提出書類も参照し、下記4．から9．を確認する。

4．商標の同一性について

　出願商標と使用商標が、外観において同一であること（外観において同視できる程度に同一性を損なわないことを含む。）を要する。

　なお、出願商標と使用商標との外観が相違している場合においても、次の(1)及び(2)に示す程度の相違であれば、外観において同視できる程度に同一性を損なわないものと認める。

　(1)　明朝体とゴシック体

　　草書体と楷書体等の書体の相違においては、文字のくずし方の程度を十分考慮する。

　(2)　縦書きと横書き

　　一方、次の(3)の場合、外観において著しく相違することから、同一とは認めない。

　(3)　①　平仮名と片仮名

　　　②　平仮名と漢字

　　　③　片仮名と漢字

5．「自己又はその構成員の業務に係る商品又は役務を表示するもの」について

　次の(1)又は(2)を確認する。

　(1)　自己（出願人）の業務に係る商品又は役務を表示するものである場合

　　例えば、商品又は商品の包装（出荷用段ボール箱等）の写真、宣伝広告のパンフレッ

ト等に、出願人の名称、出願商標及びその商標の使用に係る商品又は役務が記載され
ていること。
(2) 構成員の業務に係る商品又は役務を表示するものである場合
① 例えば、商品又は商品の包装(出荷用段ボール箱等)の写真、宣伝広告のパンフレ
ット等に、構成員の氏名又は名称、出願商標及びその商標の使用に係る商品又は役
務が記載されていること。
② 出願商標を使用している者が構成員であること。

6.「需要者の間に広く認識されている」について
(1) 商品又は役務の種類、需要者層、取引の実情等の個別事情によるが、全国的な需
要者の間に認識されるには至っていなくとも、例えば、商品又は役務の種類及び流通
経路等に応じた次の(ア)から(エ)の類型における一定範囲の需要者に認識されている
場合を含むものとする。
　なお、「肉牛」、「石材」等、主たる需要者層が取引者である商品又は役務については、
需要者には、最終消費者のみならず、取引者も含まれることに留意する。
(ア) 比較的低価格であり、また、日常的に消費されること等から、比較的広範囲の
地域で販売され得る商品について
(例) 比較的低価格で日常的に消費される野菜、米、食肉、水産食品、加工食品
　　　需要者の範囲は比較的広範囲に及ぶと考えられるが、本条第2項にいう「地域」
(以下「地域」という。)が属する都道府県を越える程度の範囲における多数の需要
者の間に広く認識されていれば足りることとする。
　　　また、国や地方公共団体等の公的機関が当該商品を表彰する等の優良商品とし
選定した事実等があれば、それらを十分に勘案する。
　　　なお、高額で市場取引される野菜や果物等比較的生産量が少ない商品である等、
その商品又は役務に応じた特段の取引の実情が存在する場合には、後記(イ)又は
(ウ)を確認する。
(イ) 高価であること等から、生産地では販売されず、主として大消費地で販売され
尽くすような商品について
(例) 高額で市場取引される高級魚等
　　　主たる需要者の範囲は大消費地等の大都市に限定されるなど、地域的な広がり
が限定的と考えられる場合には、少なくとも販売地が属する一都道府県における
多数の需要者の間に広く認識されていることを要する。
　　　また、特に、大消費地における宣伝広告やメディアによる紹介の状況、業界紙

や専門雑誌等における宣伝広告や紹介記事の状況等について十分に勘案する。

 (ウ) 主として生産地でのみ販売される地産地消の商品やその地でのみ提供される役務について

  (例) 伝統野菜、消費期限が短い生菓子

   需要者の地域的な広がりは限定的と考えられることから、少なくとも地域が属する一都道府県における多数の需要者の間に広く認識されていることを要する。

   また、特に、商品の産地、販売地又は役務の提供地等において、当該地を訪れる観光客用に配布される観光案内、観光地図等による宣伝広告の状況、来訪者数、来訪者へのアンケート調査結果等について十分に勘案する。

 (エ) 工芸品等の商品について

  (例) 当該地域で生産される箪笥、壺

   需要者の地域的な広がりは限定的と考えられることから、少なくとも地域が属する一都道府県における多数の需要者の間に広く認識されていることを要する。

   また、経済産業大臣により伝統的工芸品として指定されている事実等があれば、それを十分に勘案する。

   なお、日常的に使用される食器や箸等の商品については、主たる需要者層が一般消費者であることから、上記(ア)を確認する。

(2) テレビ放送、新聞、インターネット等のメディアを利用し、大規模に宣伝広告及び販売等を行っている場合について

 (例) 全国放送のテレビショッピング番組を利用して販売する商品

 ① テレビ放送等を利用し大規模に宣伝広告及び販売を行っている場合については、需要者は広範囲に及ぶと考えられることから、地域、商品の販売地又は役務の提供地における需要者を含め、複数の都道府県における相当程度の需要者の間に広く認識されていることを要する。

  特に、テレビ放送、ウェブサイト等による宣伝広告又は商品等の紹介番組の状況、ウェブサイトにおける販売ランキング・販売先・販売数量、ウェブサイトの種類(大手ショッピングサイト、出願人のサイト等)等の事実について十分に勘案する。

 ② (1)の各類型に該当する商品又は役務について、テレビ放送等を利用した販売等を行っている場合には、各類型における多数の需要者の間に広く認識されているか、又は、地域、商品の販売地若しくは役務の提供地における需要者を含めた複数の都道府県における相当程度の需要者の間に広く認識されているかのいずれかにより判断する。

7．「需要者の間に広く認識されている」ことの立証方法及び判断について

次の(1)から(4)の事実について、それぞれに例示された提出資料等を確認する。

(1)　使用事実について

出願商標を商品、商品の包装(出荷用段ボール箱等)又は役務に使用している写真、パンフレット、ウェブサイトの写し等

(2)　営業に関する事実(生産数量、販売地域、譲渡数量、売上高、使用期間等)について

①　販売数量等が記載された注文伝票(発注書)、出荷伝票、納入伝票(納品書及び受領書)、請求書、領収書、仕切伝票又は商業帳簿等

②　生産数量等が記載された公的機関等(国、地方公共団体、在日外国大使館等)の第三者による証明書等

(3)　宣伝広告の方法、内容及び回数、一般紙、業界紙、雑誌又はウェブサイト等における記事掲載の内容及び回数について

①　宣伝広告の内容が掲載されたパンフレット、ポスター、ウェブサイトの写し、観光案内、観光地図の写し等

②　宣伝広告の量、回数等(パンフレットの配布先及び配布部数並びにウェブサイトの掲載期間等)が記載された広告業者等との取引書類、証明書等

③　一般紙、業界紙、雑誌、地方自治体が発行する広報又はウェブサイト等における紹介記事

(4)　その他の事実について

①　需要者を対象とした商標の認識度調査(アンケート)の結果報告書

ただし、実施者、実施方法、対象者等の客観性について十分に考慮して判断する。

②　国や地方公共団体等の公的機関により優良商品として認定・表彰等された事実

8．出願人及びその構成員以外の者が出願商標を使用している場合について

出願人及びその構成員以外に出願商標を使用している者が存在することにより、出願人又はその構成員のみの使用によって出願商標が需要者の間に広く認識されていることが認められない場合には、出願人又はその構成員の業務に係る商品又は役務を表示するものとして需要者の間に広く認識されているものとは認めない。

9．出願商標の構成中の地域の名称が本条第2項に規定する「地域の名称」に該当しないために本条第1項各号のいずれにも該当しない場合には、本項柱書の規定により登録を

受けることができないものとする

二、第7条の2第1項第1号、第2号及び第3号(登録を受けられる商標)

一　地域の名称及び自己又はその構成員の業務に係る商品又は役務の普通名称を普通に用いられる方法で表示する文字のみからなる商標

二　地域の名称及び自己又はその構成員の業務に係る商品又は役務を表示するものとして慣用されている名称を普通に用いられる方法で表示する文字のみからなる商標

三　地域の名称及び自己若しくはその構成員の業務に係る商品若しくは役務の普通名称又はこれらを表示するものとして慣用されている名称を普通に用いられる方法で表示する文字並びに商品の産地又は役務の提供の場所を表示する際に付される文字として慣用されている文字であつて、普通に用いられる方法で表示するもののみからなる商標

1.「地域の名称」について

「地域の名称」については、この基準第7の三(第7条の2第2項、第3項、第4項)の1.から4.まで参照。

なお、「地域の名称」には、現在の行政区画単位の地名ばかりでなく、旧地名、旧国名、河川名、山岳名、海域名等の地理的名称も含まれるものとする。

2.「普通名称」について

商品又は役務の「普通名称」に該当するかの判断については、この基準第1の三(第3条第1項第1号)の1.を準用する。

3.「商品又は役務を表示するものとして慣用されている名称」について

(1)　例えば、次のようなものが該当する。

①　商品「絹織物」「帯」について、「織」「紬」の名称

②　商品「茶碗」「湯飲み」について、「焼」の名称

③　商品「箸」について、「塗」の名称

④　商品「盆」について、「彫」の名称

⑤　商品「かご」「行李(こうり)」について、「細工」の名称

⑥　商品「豚肉」について、「豚」、「ポーク」の名称

⑦　役務「温泉浴場施設の提供」「温泉浴場施設を有する宿泊施設の提供」について、「温泉」の名称

⑧　役務「中華料理を主とする飲食物の提供」について、「中華街」の名称

(2)　「普通名称」に商品又は役務の特質を表示する文字を付してなるものについて

　当該商標が、需要者に全体として特定の商品又は役務を表示するものとして認識されていると認められるときは、「商品又は役務を表示するものとして慣用されている名称」に該当すると判断する。

　　（例）　「天然あゆ」、「完熟トマト」

4．商品の産地又は役務の提供の場所を表示する際に付される文字として慣用されている文字」について

（1）　例えば、次のようなものが該当すると判断する。

　　（例）　産地に付される文字

　　「特産」、「名産」、「名物」

　　（例）　提供の場所に付される文字

　　「本場」

（2）　商品又は役務について慣用されているものであっても、商品の産地又は役務の提供の場所を表示する際に付されるものとは認められないものは、該当しないと判断する。

　　（例）「特選」、「元祖」、「本家」

　　　　　「特級」、「高級」

5．「普通に用いられる方法で表示する」について

（1）　商品又は役務の取引の実情を考慮し、その標章の表示の書体や全体の構成等が、取引者において一般的に使用する範囲にとどまらない特殊なものである場合には、「普通に用いられる方法で表示する」には該当しないと判断する。

　　（例1）　「普通に用いられる方法で表示する」に該当する場合

　　　　取引者において一般的に使用されている書体及び構成で表示するもの

　　（例2）　「普通に用いられる方法で表示する」に該当しない場合

　　　　取引者において一般的に使用する範囲にとどまらない特殊なレタリングを施して表示するもの又は特殊な構成で表示するもの

（2）　文字の表示方法について

　　（ア）　商品又は役務の普通名称をローマ字又は仮名文字で表示するものは、「普通に用いられる方法で表示する」ものに該当すると判断する。

　　（イ）　取引者において一般的に使用されていない漢字（当て字）で表示するものは「普通に用いられる方法で表示する」に該当しないと判断する。

6．地域団体商標として認められない商標の例

　次のような商標は、第1号から第3号のいずれにも該当しないため、地域団体商標と
して登録を受けることができる商標に該当しないと判断する。

(1)　「地域の名称」のみからなるもの、又は「地域の名称」が含まれないもの

(2)　「商品又は役務の普通名称」のみからなるもの、又は「商品又は役務を表示するもの
として慣用されている名称」のみからなるもの

(3)　「商品又は役務の普通名称」、又は「商品又は役務を表示するものとして慣用されて
いる名称」のいずれも含まないもの

(4)　第1号から第3号に規定された文字以外の文字(例えば、上記4．(2)に該当す
るもの)、記号又は図形を含むもの

(5)　識別力が認められる程度に図案化された文字からなるもの

三、第７条の２第２項、第３項及び第４項(地域の名称)

> ２　前項において「地域の名称」とは、自己若しくはその構成員が商標登録出願前から当
> 該出願に係る商標の使用をしている商品の産地若しくは役務の提供の場所その他これ
> らに準ずる程度に当該商品若しくは当該役務と密接な関連性を有すると認められる地
> 域の名称又はその略称をいう。
>
> ３　第一項の場合における第三条第一項(第一号及び第二号に係る部分に限る。)の規定
> の適用については、同項中「自己の」とあるのは、「自己又はその構成員の」とする。
>
> ４　第一項の規定により地域団体商標の商標登録を受けようとする者は、第五条第一項
> の商標登録出願において、商標登録出願人が組合等であることを証明する書面及びそ
> の商標登録出願に係る商標が第二項に規定する地域の名称を含むものであることを証
> 明するため必要な書類を特許庁長官に提出しなければならない。

１．商品又は役務と密接な関連性を有すると認められる地域の名称等について

　本条第４項の規定にいう「地域の名称を含むものであることを証明するため必要な書
類」により、出願人又はその構成員による当該出願に係る商標の使用に加え、商品又は役
務の種類、需要者層、取引の実情等の個別事情を勘案し、例えば、以下のとおり判断す
る。

２．「商品の産地」について

　例えば、出願人又はその構成員が当該出願に係る商標を使用する商品の産地について
は、次のような地域をいう。
　(1)　農産物については、当該商品が生産された地域
　(2)　海産物については、当該商品が水揚げ又は漁獲された地域
　(3)　工芸品については、当該商品の主要な生産工程が行われた地域

３．「役務の提供の場所」について

　例えば、出願人又はその構成員が当該出願に係る商標を使用する役務の提供の場所に
ついては、次のような地域をいう。
　温泉浴場施設の提供については、温泉が存在する地域

４．「これらに準ずる程度に当該商品若しくは当該役務と密接な関連性を有すると認めら
れる地域」について

　出願人又はその構成員が当該出願に係る商標を使用する商品又は役務の密接な関連性

を有する地域については、例えば、(1)及び(2)のようなものが該当する。

　(1)　原材料の産地が重要性を有する加工品の場合

　　その加工品を生産するために不可欠な原材料や主要原材料が生産等された地域が該
　　当する。

　　(例)

　　　①　「そばのめん」について、原材料「そばの実」の産地

　　　②　「硯」について、原材料「石」の産地

　(2)　製法の由来地が重要性を有する工芸品の場合

　　当該商品の重要な製法が発祥し由来することとなった地域が該当する。

　　(例)

　　　①　「織物」について、伝統的製法の由来地

５．上記２．から４．までの事実については、例えば、次のような書類を証拠方法とす
る。

　(1)　新聞、雑誌、書籍等の記事

　(2)　公的機関等の証明書

　(3)　パンフレット、カタログ、内部規則

　(4)　納入伝票、注文伝票等の各種伝票類

第8　第8条

（先　願）

第八条　同一又は類似の商品又は役務について使用をする同一又は類似の商標について異なつた日に二以上の商標登録出願があつたときは、最先の商標登録出願人のみがその商標について商標登録を受けることができる。ただし、後の日に商標登録出願をした商標登録出願人（以下この項において「後出願人」という。）が、商標登録を受けることについて先の日に商標登録出願をした商標登録出願人（当該商標登録出願人が複数あるときは、当該複数の商標登録出願人。以下この項及び第六項において「先出願人」という。）の承諾を得ており、かつ、当該後出願人がその商標の使用をする商品又は役務と当該先出願人がその商標の使用をする商品又は役務（当該商標が商標登録された場合においては、その登録出願に係る商標権者、専用使用権者又は通常使用権者の業務に係る商品又は役務）との間で混同を生ずるおそれがないときは、当該後出願人もその商標について商標登録を受けることができる。

2　同一又は類似の商品又は役務について使用をする同一又は類似の商標について同日に二以上の商標登録出願があつたときは、商標登録出願人の協議により定めた一の商標登録出願人のみがその商標について商標登録を受けることができる。ただし、全ての商標登録出願人が、商標登録を受けることについて相互に承諾しており、かつ、それぞれの商標の使用をする商品又は役務との間で混同を生ずるおそれがないときは、当該全ての商標登録出願人がそれぞれの商標について商標登録を受けることができる。

3　商標登録出願が放棄され取り下げられ若しくは却下されたとき、又は商標登録出願について査定若しくは審決が確定したときは、その商標登録出願は、前二項の規定の適用については、初めからなかつたものとみなす。

4　特許庁長官は、第二項本文の場合は、相当の期間を指定して、同項本文の協議をしてその結果を届け出るべき旨を商標登録出願人に命じなければならない。

5　第二項本文の協議が成立せず、又は前項の規定により指定した期間内に同項の規定による届出がないとき（第二項ただし書に規定するときを除く。）は、特許庁長官が行う公正な方法によるくじにより定めた順位における最先の商標登録出願人のみが商標登録を受けることができる。ただし、当該くじにより定めた順位における後順位の商標登録出願人（以下この項において「後順位出願人」という。）が、商標登録を受けることについて先順位の商標登録出願人（当該商標登録出願人が複数あるときは、当該複数の商標登録出願人。以下この項及び次項において「先順位出願人」という。）の

承諾を得ており、かつ、当該後順位出願人がその商標の使用をする商品又は役務と当該先順位出願人がその商標の使用をする商品又は役務（当該商標が商標登録された場合においては、その登録商標に係る商標権者、専用使用権者又は通常使用権者の業務に係る商品又は役務）との間で混同を生ずるおそれがないときは、当該後順位出願人もその商標について商標登録を受けることができる。

6　第一項ただし書又は前項ただし書の場合において、先出願人又は先順位出願人の商標が商標登録され、その登録商標に係る商標権が移転されたときは、その登録商標に係る商標権者を先出願人又は先順位出願人とみなして、これらの規定を適用する。

1．「同一又は類似の商品又は役務について使用をする同一又は類似の商標」について

本号における類否の判断については、この基準第3の十（第4条第1項第11号）を準用する。

2．第8条第4項の協議命令（以下「協議命令」という。）並びに第8条第2項及び第5項の拒絶理由の通知について

出願が同日に相互に同一又は類似の関係にある他人の出願と競合したときは、該当するすべての出願に対し、協議命令と第8条第2項及び第5項の拒絶理由の通知を同時に行うこととする。

ただし、上記の協議命令と拒絶理由の通知がなされる前に、第8条第2項の協議が成立した旨又は協議が不成立である旨の書面が提出されているときは、以下のとおりとする。

(1)　協議が成立した旨の書面が提出されたときは、協議により定めた一の出願人に係る出願以外の商標登録出願に対し、第8条第2項の拒絶理由を通知する。

(2)　協議が不成立である旨の書面が提出されたときは、すべての商標登録出願に対し、第8条第5項の拒絶理由を通知する。

3．協議が成立した旨の書面が提出された場合について

特許庁長官の指定する期間内に、出願人から協議が成立した旨の書面が提出された場合には、協議により定めた一の出願人に係る商標が登録された後、他の出願について、第8条第2項に基づき拒絶査定を行う。

4．協議が不成立である旨の書面が提出された場合又は協議が成立若しくは不成立である旨の書面がいずれも提出されない場合について

　特許庁長官の指定する期間内に、出願人から、協議が不成立である旨の書面が提出された場合又は協議が成立若しくは不成立である旨の書面がいずれも提出されない場合は、第8条第5項の特許庁長官が行う公正な方法によるくじの手続を行うこととし、くじにより定めた一の出願人に係る商標が登録された後、他の出願について、第8条第5項に基づき拒絶査定を行う。

5．「一の商標登録出願人」に係る出願の拒絶査定等が確定した場合について
　「商標登録出願人の協議により定めた一の商標登録出願人」及び「特許庁長官が行う公正な方法によるくじにより定めた一の商標登録出願人」に係る出願について、拒絶査定の確定又は取下げ、放棄等がされた場合には、他の出願人に係る出願が、商標登録を受けることができる出願となる。

6．第8条第1項、第2項及び第5項ただし書きについて
　「承諾」の有無及び「混同を生ずるおそれがないとき」を判断するにあたっては、この基準第3の十九（第4条第4項）2．及び4．を準用する。

第9 第9条

（出願時の特例）

第九条　政府等が開設する博覧会若しくは政府等以外の者が開設する博覧会であつて特許庁長官の定める基準に適合するものに、パリ条約の同盟国、世界貿易機関の加盟国若しくは商標法条約の締約国の領域内でその政府等若しくはその許可を受けた者が開設する国際的な博覧会に、又はパリ条約の同盟国、世界貿易機関の加盟国若しくは商標法条約の締約国のいずれにも該当しない国の領域内でその政府等若しくはその許可を受けた者が開設する国際的な博覧会であつて特許庁長官の定める基準に適合するものに出品した商品又は出展した役務について使用をした商標について、その商標の使用をした商品を出品した者又は役務を出展した者がその出品又は出展の日から六月以内にその商品又は役務を指定商品又は指定役務として商標登録出願をしたときは、その商標登録出願は、その出品又は出展の時にしたものとみなす。

2　商標登録出願に係る商標について前項の規定の適用を受けようとする者は、その旨を記載した書面を商標登録出願と同時に特許庁長官に提出し、かつ、その商標登録出願に係る商標及び商品又は役務が同項に規定する商標及び商品又は役務であることを証明する書面（次項及び第四項において「証明書」という。）を商標登録出願の日から三十日以内に特許庁長官に提出しなければならない。

3　証明書を提出する者が前項に規定する期間内に証明書を提出することができないときは、その期間が経過した後であつても、経済産業省令で定める期間内に限り、経済産業省令で定めるところにより、その証明書を特許庁長官に提出することができる。

4　証明書を提出する者がその責めに帰することができない理由により、前項の規定により証明書を提出することができる期間内に証明書を提出することができないときは、同項の規定にかかわらず、その理由がなくなつた日から十四日（在外者にあつては、二月）以内でその期間の経過後六月以内にその証明書を特許庁長官に提出することができる。

1．「博覧会」については、この基準第3の八（第4条第1項第9号）の1．を準用する。

2．「特許庁長官の定める基準に適合するもの」について
　「特許庁長官の定める基準」は、平成24年特許庁告示第6号（下記参照）において示されており、これに適合するか否かにより判断する。

　同告示下記一及び二の判断については、この基準第3の八(第4条第1項第9号)2.
を準用する。

平成24年特許庁告示第6号(要件部分抜粋)

「一　産業の発展に寄与することを目的とし、「博覧会」「見本市」等の名称の如何にかかわ
らず、産業に関する物品等の公開及び展示を行うものであること。

二　開設地、開設期間、出品者及び入場者の資格、出品者数並びに出品物の種類及び数
量等が、同項(注)の趣旨に照らして適当であると判断されるものであること。

三　日本国において開設される博覧会については、原則として、政府等が協賛し、又は
後援する博覧会その他これらに準ずるものであること。」

　(注)　同項は、商標法第9条第1項を表す。

3．証明書について

　第9条第1項に基づく出願時の特例の主張に当たって、出品又は出展した事実の証明
は、例えば、次のような証拠方法によることができる。

　(1)　博覧会開設者による出願人の出品(出展)証明書

　(2)　博覧会への出品又は出展を示すパンフレット

　(注)　記載した告示の内容は、本審査基準作成時点のものである。

第10 第10条

(出願の分割)

第十条 商標登録出願人は、商標登録出願が審査、審判若しくは再審に係属している場合又は商標登録出願についての拒絶をすべき旨の審決に対する訴えが裁判所に係属している場合であつて、かつ、当該商標登録出願について第七十六条第二項の規定により納付すべき手数料を納付している場合に限り、二以上の商品又は役務を指定商品又は指定役務とする商標登録出願の一部を一又は二以上の新たな商標登録出願とすることができる。

2 前項の場合は、新たな商標登録出願は、もとの商標登録出願の時にしたものとみなす。ただし、第九条第二項並びに第十三条第一項において準用する特許法(昭和三十四年法律第百二十一号)第四十三条第一項及び第二項(これらの規定を第十三条第一項において準用する同法第四十三条の三第三項において準用する場合を含む。)の規定の適用については、この限りでない。

商標法施行規則

第二十二条

2 特許法施行規則第二十六条第三項から第六項まで、第二十七条第一項から第三項まで、第二十七条の四第一項、第三項及び第四項、第二十八条及び第三十条(信託、持分の記載等、パリ条約による優先権等の主張の手続、特許出願の番号の通知及び特許出願の分割をする場合の補正)の規定は、商標登録出願又は防護標章登録出願に準用する。この場合において、特許法施行規則第二十七条第三項中「特許法第百九十五条第五項」とあるのは「商標法第七十六条第四項」と、「ただし、当該証明する書面については、特許庁長官がその提出の必要がないと認めるときは、これを省略させることができる。」とあるのは「この場合において、既に特許庁に証明する書面を提出した者は、その事項に変更がないときは、当該証明する書面の提出を省略することができる。」と、特許法施行規則第三十条中「願書に添付した明細書、特許請求の範囲又は図面」とあるのは「願書」と読み替えるものとする。

特許法施行規則

第三十条 特許法第四十四条第一項第一号の規定により新たな特許出願をしようとする場合において、もとの特許出願の願書に添付した明細書、特許請求の範囲又は図面を補正する必要があるときは、もとの特許出願の願書に添付した明細書、特許請求の

範囲又は図面の補正は、新たな特許出願と同時にしなければならない。

１．「二以上の商品又は役務」について

　指定商品又は指定役務が類似商品・役務審査基準における包括表示で記載されている場合でも、その包括表示に含まれる個々の商品又は役務に出願を分割することができるものとする。

２．国際商標登録出願について

　国際商標登録出願については、第68条の12の規定により、本条の規定は適用しない。

第11　第15条の２及び第15条の３

（拒絶理由の通知）

第十五条の二　審査官は、拒絶をすべき旨の査定をしようとするときは、商標登録出願人に対し、拒絶の理由を通知し、相当の期間を指定して、意見書を提出する機会を与えなければならない。

第十五条の三　審査官は、商標登録出願に係る商標が、当該商標登録出願の日前の商標登録出願に係る他人の商標又はこれに類似する商標であつて、その商標に係る指定商品若しくは指定役務又はこれらに類似する商品若しくは役務について使用をするものであるときは、商標登録出願人に対し、当該他人の商標が商標登録されることにより当該商標登録出願が第十五条第一号に該当することとなる旨を通知し、相当の期間を指定して、意見書を提出する機会を与えることができる。

2　前項の通知が既にされている場合であつて、当該他人の商標が商標登録されたときは、前条の通知をすることを要しない。

１．拒絶理由の通知について

(1)　２以上の拒絶の理由を発見した場合

　　２以上の拒絶の理由を発見したときは、原則として、同時にすべての拒絶の理由を通知することとする。

(2)　新たな拒絶の理由を発見した場合

　　第16条に規定する政令で定める期間に、新たに他の拒絶の理由を発見したときには、当該他の拒絶の理由を通知することができるものとする。

２．第15条の３第１項によって通知をした理由に基づき拒絶の査定をするときは、拒絶理由の通知で引用した先願商標が登録された後に行うものとする。

３．拒絶理由の通知で引用した先願商標の指定商品又は指定役務について補正があったとしても、改めて拒絶理由の通知をすることを要しないものとする。

第12　第16条

（商標登録の査定）

第十六条　審査官は、政令で定める期間内に商標登録出願について拒絶の理由を発見しないときは、商標登録をすべき旨の査定をしなければならない。

商標法施行令

第三条　商標法第十六条（同法第五十五条の二第二項（同法第六十条の二第二項（同法第六十八条第五項において準用する場合を含む。）及び第六十八条第四項において準用する場合を含む。）及び第六十八条第二項において準用する場合を含む。次項において同じ。）の政令で定める期間は、同法第五条の二第一項又は第四項（これらの規定を同法第六十八条第一項において準用する場合を含む。）の規定により認定された商標登録出願の日（当該商標登録出願が同法第十五条第三号に該当する旨の拒絶の理由を審査官が通知した場合で手続の補正により同号に該当しなくなつたときにあつてはその補正について手続補正書を提出した日、当該商標登録出願が次の各号に掲げる規定の適用を受けるときにあつてはこれらの規定の適用がないものとした場合における商標登録出願の日）から一年六月とする。

一　商標法第九条第一項、第十条第二項（同法第十一条第六項、第十二条第三項、第六十五条第三項及び第六十八条第一項において準用する場合を含む。）又は第六十八条の三十二第二項（同法第六十八条の三十三第二項において読み替えて準用する場合を含む。）の規定

二　商標法第十七条の二第一項（同法第六十八条第二項において準用する場合を含む。）及び第五十五条の二第三項（同法第六十条の二第二項（同法第六十八条第五項において準用する場合を含む。）及び第六十八条第四項において準用する場合を含む。）において準用する意匠法第十七条の三第一項の規定

2　前項の規定にかかわらず、商標法第六十八条の九第一項の規定により商標登録出願とみなされた領域指定に係る同法第十六条の政令で定める期間は、標章の国際登録に関するマドリッド協定の千九百八十九年六月二十七日にマドリッドで採択された議定書第三条の三に規定する領域指定の通報が行われた日（商標法第六十八条の三第一項に規定する国際事務局から同法第六十八条の九第一項に規定する国際登録簿に登録された事項についての更正の通報で経済産業省令で定めるものが行われた場合であつて、当該更正の通報に係る事項について拒絶の理由を審査官が通知するときは、当該更正の通報が行われた日）から一年六月とする。

1．「政令で定める期間」内の拒絶の理由について

 (1) 「政令で定める期間」内に拒絶の理由を発見したか否かは、当該出願に係る拒絶理由通知書を発送した日を基準として判断する。

 (2) 拒絶理由通知書が出願人に到達せず特許庁へ戻され、再度発送された場合であっても、「政令で定める期間」内に拒絶の理由を発見したか否かは、当該拒絶理由通知書を、最初に発送した日を基準として判断する。

 (3) オンラインによる発送の場合は、出願人が発送要求を行った日が発送した日となることに留意する。

第13 第16条の2及び第17条の2

（補正の却下）

第十六条の二 願書に記載した指定商品若しくは指定役務又は商標登録を受けようとする商標についてした補正がこれらの要旨を変更するものであるときは、審査官は、決定をもつてその補正を却下しなければならない。

2 前項の規定による却下の決定は、文書をもつて行い、かつ、理由を付さなければならない。

3 第一項の規定による却下の決定があつたときは、決定の謄本の送達があつた日から三月を経過するまでは、当該商標登録出願について査定をしてはならない。

4 審査官は、商標登録出願人が第一項の規定による却下の決定に対し第四十五条第一項の審判を請求したときは、その審判の審決が確定するまでその商標登録出願の審査を中止しなければならない。

第十七条の二 意匠法（昭和三十四年法律第百二十五号）第十七条の三（補正後の意匠についての新出願）の規定は、第十六条の二第一項の規定により、決定をもつて補正が却下された場合に準用する。

2 意匠法第十七条の四の規定は、前項又は第五十五条の二第三項（第六十条の二第二項において準用する場合を含む。）において準用する同法第十七条の三第一項に規定する期間を延長する場合に準用する。

意匠法第十七条の三 意匠登録出願人が前条第一項の規定による却下の決定の謄本の送達があつた日から三月以内にその補正後の意匠について新たな意匠登録出願をしたときは、その意匠登録出願は、その補正について手続補正書を提出した時にしたものとみなす。

2 前項に規定する新たな意匠登録出願があつたときは、もとの意匠登録出願は、取り下げたものとみなす。

3 前二項の規定は、意匠登録出願人が第一項に規定する新たな意匠登録出願について同項の規定の適用を受けたい旨を記載した書面をその意匠登録出願と同時に特許庁長官に提出した場合に限り、適用があるものとする。

1．要旨変更であるかどうかの判断の基準は、次のとおりとする。

(1)　第5条第1項第3号で規定する指定商品又は指定役務(以下「指定商品又は指定役務」という。)について

(ｱ)　指定商品又は指定役務の範囲の変更又は拡大は、非類似の商品若しくは役務に変更し、又は拡大する場合のみならず、他の類似の商品若しくは役務に変更し、又は拡大する場合も要旨の変更である。

(例1)　要旨の変更となる場合

①　範囲の変更

第32類「ビール」から第33類「洋酒」への補正

②　範囲の拡大

第12類「貨物自動車」から第12類「自動車」への補正

ただし、例えば、以下のとおり、指定商品又は指定役務が包括表示で記載されている場合であって、その包括表示に含まれる個々の指定商品又は指定役務に変更することは、要旨の変更ではないものとする。

(例2)　要旨の変更とならない場合

指定商品　第21類「食器類」から「コップ，茶わん」への補正

指定役務　第41類「娯楽施設の提供」から「カラオケ施設の提供，その他の娯楽施設の提供」への補正

(ｲ)　指定商品又は指定役務の範囲の減縮、誤記の訂正又は明瞭でない記載を明瞭なものに改めることは、要旨の変更ではないものとする。

(ｳ)　小売等役務に係る補正は、次のとおりとする。

①　「衣料品、飲食料品及び生活用品に係る各種商品を一括して取り扱う小売又は卸売の業務において行われる顧客に対する便益の提供」(総合小売等役務)を、その他の小売等役務(以下「特定小売等役務」という。)に変更する補正は、要旨の変更である。

また、特定小売等役務を総合小売等役務に変更する補正も、要旨の変更である。

②　特定小売等役務について、その取扱商品の範囲を減縮した特定小売等役務に補正するのは要旨の変更ではないが、その取扱商品の範囲を変更又は拡大した特定小売等役務に補正するのは、要旨の変更である。

③　小売等役務を商品に変更する補正も、また、商品を小売等役務に変更する補正も、要旨の変更である。

(2)　第5条第1項第2号で規定する商標登録を受けようとする商標を記載する欄への記載(以下「願書に記載した商標」という。)について

(ｱ)　願書に記載した商標の補正は、原則として、要旨の変更である。

(例)

① 商標中の文字、図形、記号又は立体的形状を変更、又は削除すること

② 商標に文字、図形、記号又は立体的形状を追加すること

③ 商標の色彩を変更すること

(ｲ) 願書に記載した商標中の付記的部分(例えば、他に自他商品・役務の識別機能を有する部分があり、かつ、自他商品・役務識別機能を有する部分と構成上一体でない部分)に、「ＪＩＳ」、「ＪＡＳ」、「プラマーク」、「エコマーク」、「特許」、「実用新案」、「意匠」等の文字、記号若しくは図形又は商品の産地・販売地若しくは役務の提供の場所を表す文字がある場合、これらを削除することは、要旨の変更ではないものとする。

(ｳ) 商標登録出願後、第５条第３項で規定する標準文字である旨の記載を追加する補正又は削除する補正は、原則として、要旨の変更である。

ただし、願書に記載した商標が標準文字に置き換えて現されたものと同一と認められる場合において、標準文字である旨の記載を追加する補正は、要旨の変更ではないものとする。

(ｴ) 商標登録出願後、第５条第６項ただし書きの規定による色彩の適用を受けようとすることは、要旨の変更である。

２．国際商標登録出願については、第68条の18の規定により、第17条の２第１項において準用する意匠法第17条の３(補正後の意匠についての新出願)の規定は、適用しない。

３．立体商標、動き商標、ホログラム商標、色彩のみからなる商標、音商標及び位置商標について

(1) 立体商標、動き商標、ホログラム商標、色彩のみからなる商標、音商標及び位置商標である旨の記載の補正について

(ｱ) 原則

商標登録出願後、第５条第２項で規定する立体商標、動き商標、ホログラム商標、色彩のみからなる商標、音商標及び位置商標である旨の記載を追加する補正、又は削除する補正は、原則として、要旨の変更である。

(ｲ) 例外

ただし、願書に記載した商標及び第５条第４項で規定する商標の詳細な説明(以下「商標の詳細な説明」という。)又は経済産業省令で定める物件(以下「物件」という。)から、立体商標、動き商標、ホログラム商標、色彩のみからなる商標、音商

標及び位置商標のいずれか以外には認識できない場合において、その商標である旨の記載を追加する補正又はその商標である旨の記載に変更する補正、及び立体商標については、願書に記載した商標から、平面商標としてしか認識できない場合において、立体商標である旨の記載を削除する補正は、要旨の変更ではないものとする。

(2) 願書に記載した商標の補正について

(ア) 原則

願書に記載した商標の補正は、原則として、要旨の変更である。

(イ) 例外

ただし、音商標において、願書に記載した商標中に、楽曲名、作曲者名等の音商標を構成する言語的要素及び音の要素以外の記載がされている場合、これらを削除する補正は、要旨の変更ではないものとする。

(3) 商標の詳細な説明又は物件の補正について

商標登録を受けようとする商標が特定されていない場合における商標の詳細な説明又は物件の補正が、要旨変更であるか否かについては、補正後の商標の詳細な説明又は物件が、願書に記載した商標の構成及び態様の範囲に含まれているか否かによって判断するものとする。

商標登録を受けようとする商標が特定されている場合における商標の詳細な説明又は物件の補正が、要旨変更であるか否かについては、その特定された範囲に補正後の商標の詳細な説明又は物件が含まれているか否かによって判断するものとする。例えば、音商標について、願書に記載した商標に記載がない事項(演奏楽器や声域等の音色等。ただし、歌詞等の言語的要素を除く。)は、商標の詳細な説明(願書に記載した商標を特定するために必要がある場合に限る。)及び物件により特定されるため、その範囲に、補正後の商標の詳細な説明及び物件が含まれているか否かによって判断するものとする。

(ア) 立体商標について

要旨変更とならない例は、例えば、次のとおりとする。

a. 願書に記載した商標に記載されているが、商標の詳細な説明には記載されていない標章を、商標の詳細な説明に追加する補正。

b. 願書に記載した商標が、屋根、窓、壁から構成される店舗の外観を表す立体的形状であり、商標の詳細な説明では、屋根、ドア、壁から構成される店舗の外観を表す立体的形状である旨の記載がある場合に、商標の詳細な説明を、屋根、窓、壁から構成される店舗の外観を表す立体的形状である旨の記載へと変更する補正。

(イ) 動き商標について

要旨変更とならない例は、例えば、次のとおりとする。

a. 願書に記載した商標に記載されているが、商標の詳細な説明には記載されていない標章を、商標の詳細な説明に追加する補正。

b. 願書に記載した商標に記載されているが、商標の詳細な説明には記載されていない時間の経過に伴う標章の変化の状態を、商標の詳細な説明に追加する補正。

(ウ) ホログラム商標について

要旨変更とならない例は、例えば、次のとおりとする。

a. 願書に記載した商標に記載されているが、商標の詳細な説明には記載されていない標章を、商標の詳細な説明に追加する補正。

b. 見る角度により別の表示面が見える効果が施されたホログラム商標である場合に、願書に記載した商標に記載されているが、商標の詳細な説明には記載されていない表示面についての説明を、商標の詳細な説明に追加する補正。

(エ) 色彩のみからなる商標について

要旨変更とならない例は、例えば、次のとおりとする。

a. 願書に記載した商標の色彩が赤色であり、商標の詳細な説明では青色の場合に、商標の詳細な説明を赤色に変更する補正。

b. 願書に記載した商標が、3つの色彩を組み合わせてなる商標であり、商標の詳細な説明では4つの色彩について記載している場合に、商標の詳細な説明を3つの色彩についてのものへ変更する補正。

c. 願書に記載した商標が、上から下に向けて25%ごとの割合で4つの色彩を組み合わせてなる商標であり、商標の詳細な説明では上から下へ向けて30%、30%、20%、20%の割合で4つの色彩からなると記載している場合に、商標の詳細な説明を25%の割合へ変更する補正。

(オ) 音商標について

① 要旨変更とならない例は、例えば、次のとおりとする。

a. 願書に記載した商標が、演奏楽器としてピアノが記載されている五線譜であり、物件がギターにより演奏されたと認識させる音声ファイルである場合に、物件をピアノにより演奏されたと認識させる音声ファイルに変更する補正。

② 要旨変更となる例は、例えば、次のとおりとする。

a. 願書に記載した商標が、歌詞が記載されていない五線譜であり、物件が歌詞を歌った音声がない音声ファイルである場合に、物件を歌詞を歌った音声ファイルに変更する補正。

  b. 願書に記載した商標が、演奏楽器について記載されていない五線譜であり、物件がギターにより演奏されたと認識させる音声ファイルである場合に、物件をピアノにより演奏されたと認識させる音声ファイルに変更する補正。

(ｶ) 位置商標について

 要旨変更とならない例は、例えば、次のとおりとする。

 a. 願書に記載した商標が、標章を眼鏡のつるに付するものであり、商標の詳細な説明では、標章を眼鏡のレンズフレームに付する旨の記載がある場合に、商標の詳細な説明を、標章を眼鏡のつるに付する旨の記載へと変更する補正。

4．上記3．(1)及び(2)の扱いは、国際商標登録出願には適用しない。

第14　第64条

（防護標章登録の要件）

第六十四条　商標権者は、商品に係る登録商標が自己の業務に係る指定商品を表示するものとして需要者の間に広く認識されている場合において、その登録商標に係る指定商品及びこれに類似する商品以外の商品又は指定商品に類似する役務以外の役務について他人が登録商標の使用をすることによりその商品又は役務と自己の業務に係る指定商品とが混同を生ずるおそれがあるときは、そのおそれがある商品又は役務について、その登録商標と同一の標章についての防護標章登録を受けることができる。

2　商標権者は、役務に係る登録商標が自己の業務に係る指定役務を表示するものとして需要者の間に広く認識されている場合において、その登録商標に係る指定役務及びこれに類似する役務以外の役務又は指定役務に類似する商品以外の商品について他人が登録商標の使用をすることによりその役務又は商品と自己の業務に係る指定役務とが混同を生ずるおそれがあるときは、そのおそれがある役務又は商品について、その登録商標と同一の標章についての防護標章登録を受けることができる。

3　地域団体商標に係る商標権に係る防護標章登録についての前二項の規定の適用については、これらの規定中「自己の」とあるのは、「自己又はその構成員の」とする。

1．「需要者の間に広く認識されている」について

　(1)　「需要者の間に広く認識されている」とは、自己（原登録商標権者）の出所表示として、その商品又は役務の需要者の間で全国的に認識されているものをいう。

　(2)　「需要者の間に広く認識されている」かは、以下の(ｱ)～(ｴ)を考慮し、総合的に判断する。

　　(ｱ)　防護標章登録出願に係る登録商標（以下「原登録商標」という。）の使用開始時期、使用期間、使用地域、使用商品又は使用役務の範囲等の使用状況に関する事実

　　(ｲ)　原登録商標の広告、宣伝等の程度又は普及度

　　(ｳ)　原登録商標権者の企業規模、営業関係（生産又は販売状況等）、企業の取扱い品目等について商品又は役務との関連性

　　(ｴ)　原登録商標が著名であることが、審決又は判決において認定されているなど、特許庁において顕著な事実であること

２．防護標章登録出願の標章は、原登録商標と同一の標章(縮尺のみ異なるものを含む。)でなくてはならない。

３．原登録商標と使用商標の同一性の判断について

　同一性の判断にあたっては、この基準第２(第３条第２項)の１．(1)を準用する。

４．商品又は役務の出所の「混同を生ずるおそれがあるとき」について

(1)　原登録商標権者の業務に係る商品又は役務(以下「商品等」という。)であると誤認し、その商品等の需要者が商品等の出所について混同するおそれがある場合のみならず、原登録商標権者と経済的又は組織的に何等かの関係がある者の業務に係る商品等であると誤認し、その商品等の需要者が商品等の出所について混同するおそれがある場合をもいう。

(2)　考慮事由について

　「混同を生ずるおそれがあるとき」に該当するか否かは、例えば、次のような事実を総合勘案して判断する。

　①　原登録商標の周知度

　②　原登録商標が造語よりなるものであるか、又は構成上顕著な特徴を有するものであるか

　③　原登録商標がハウスマークであるか

　④　企業における多角経営の可能性

　⑤　商品間、役務間又は商品と役務間の関連性

　⑥　商品等の需要者の共通性その他取引の実情

　なお、①の周知度の判断に当たっては、この基準第２(第３条第２項)の２．(2)及び(3)を準用する。

５．防護標章登録を受ける商品・役務の品質等の誤認のおそれについて

　商品又は役務の普通名称等を含む商標を、その商品又は役務以外の商品又は役務について防護標章登録出願をした場合であっても、商品の品質又は役務の質の誤認を生じるかは考慮せず、本条の要件を具備している限り、防護標章登録を認めるものとする。

第15　第65条の２、３及び４
（防護標章登録に基づく権利の存続期間の更新登録）

第六十五条の二　防護標章登録に基づく権利の存続期間は、設定の登録の日から十年をもつて終了する。

2　防護標章登録に基づく権利の存続期間は、更新登録の出願により更新することができる。ただし、その登録防護標章が第六十四条の規定により防護標章登録を受けることができるものでなくなつたときは、この限りでない。

第六十五条の三　防護標章登録に基づく権利の存続期間の更新登録の出願をする者は、次に掲げる事項を記載した願書を特許庁長官に提出しなければならない。

一　出願人の氏名又は名称及び住所又は居所

二　防護標章登録の登録番号

三　前二号に掲げるもののほか、経済産業省令で定める事項

2　更新登録の出願は、防護標章登録に基づく権利の存続期間の満了前六月から満了の日までの間にしなければならない。

3　防護標章登録に基づく権利の存続期間の更新登録の出願をする者は、前項の規定により更新登録の出願をすることができる期間内にその出願ができなかつたときは、経済産業省令で定める期間内に限り、経済産業省令で定めるところにより、その出願をすることができる。ただし、故意に、同項の規定により更新登録の出願をすることができる期間内にその出願をしなかつたと認められる場合は、この限りでない。

4　防護標章登録に基づく権利の存続期間の更新登録の出願があつたときは、存続期間は、その満了の時（前項の規定による出願があつたときは、その出願の時）に更新されたものとみなす。ただし、その出願について拒絶をすべき旨の査定若しくは審決が確定し、又は防護標章登録に基づく権利の存続期間を更新した旨の登録があつたときは、この限りでない。

第六十五条の四　審査官は、防護標章登録に基づく権利の存続期間の更新登録の出願が次の各号の一に該当するときは、その出願について拒絶をすべき旨の査定をしなければならない。

一　その出願に係る登録防護標章が第六十四条の規定により防護標章登録を受けることができるものでなくなつたとき。

> 二　その出願をした者が当該防護標章登録に基づく権利を有する者でないとき。
> 2　審査官は、防護標章登録に基づく権利の存続期間の更新登録の出願について拒絶の理由を発見しないときは、更新登録をすべき旨の査定をしなければならない。

１．出願人と権利者の同一性について

　商標原簿上の権利者の氏名若しくは名称又は住所若しくは居所と出願人のこれらの表示とが相違しているときは、その原簿上の権利者と出願人とは、同一人ではないものとする(例えば、一方の表示が「△△△株式会社」とあるのに対し他方の表示が「△△△カンパニー」とある場合)。

２．防護標章の更新登録出願の願書の記載について

　防護標章の更新登録出願の願書に誤って標章が記載され、又は指定商品若しくは指定役務が記載されているときは、それらの記載はないものとして取り扱うものとする。

３．判断基準について

　防護標章の更新登録出願に係る登録防護標章が第64条の規定により防護標章登録を受けることができなくなったものであるか否かの判断においては、この基準第14(第64条)の１．、３．及び４．を準用する。その場合には、特に原登録商標の使用状況を十分に勘案するものとする。

第16　第68条の9，10，11，12，13，15，16，17，18，20及び28
（国際商標登録出願に係る特例）

第六十八条の九　日本国を指定する領域指定は、議定書第三条（４）に規定する国際登録の日（以下「国際登録の日」という。）にされた商標登録出願とみなす。ただし、事後指定の場合は、議定書第三条の三（２）の規定により国際登録に係る事後指定が議定書第二条（１）に規定する国際事務局の登録簿（以下「国際登録簿」という。）に記録された日（以下「事後指定の日」という。）にされた商標登録出願とみなす。

2　日本国を指定する国際登録に係る国際登録簿における次の表の上欄に掲げる事項は、第五条第一項の規定により提出した願書に記載された同表の下欄に掲げる事項とみなす。

国際登録の名義人の氏名又は名称及びその住所	国際登録の対象である商標	国際登録において指定された商品又は役務及び当該商品又は役務の類	国際登録簿に記載されている事項のうち国際登録の対象である商標の記載の意義を解釈するために必要な事項として経済産業省令で定めるもの
商標登録出願人の氏名又は名称及び住所又は居所	商標登録を受けようとする商標	指定商品又は指定役務並びに第六条第二項の政令で定める商品及び役務の区分	商標の詳細な説明

第六十八条の十 　前条第一項の規定により商標登録出願とみなされた領域指定（以下この章において「国際商標登録出願」という。）に係る登録商標（以下この条において「国際登録に基づく登録商標」という。）がその商標登録前の登録商標（国際登録に基づく登録商標を除く。以下この条において「国内登録に基づく登録商標」という。）と同一であり、かつ、国際登録に基づく登録商標に係る指定商品又は指定役務が国内登録に基づく登録商標に係る指定商品又は指定役務と重複している場合であつて、国際登録に基づく登録商標に係る商標権者と国内登録に基づく登録商標に係る商標権者が同一であるときは、国際商標登録出願はその重複している範囲については、国内登録に基づく登録商標に係る商標登録出願の日にされていたものとみなす。

2　第六十八条の三十二第三項及び第四項の規定は、前項の国際商標登録出願に準用する。

第六十八条の十一 　国際商標登録出願についての第九条第二項の規定の適用については、同項中「商標登録出願と同時」とあるのは、「国際商標登録出願の日から三十日以内」とする。

第六十八条の十二 　国際商標登録出願については、第十条の規定は、適用しない。

第六十八条の十三 　国際商標登録出願については、第十一条及び第六十五条の規定は、適用しない。

第六十八条の十五 　国際商標登録出願については、第十三条第一項において読み替えて準用する特許法第四十三条第一項から第四項まで及び第七項から第九項までの規定は、適用しない。

2　国際商標登録出願についての第十三条第一項において読み替えて準用する特許法第四十三条の三第三項において準用する同法第四十三条第一項の規定の適用については、同項中「経済産業省令で定める期間内」とあるのは、「国際商標登録出願の日から三十日以内」とする。

第六十八条の十六 　国際商標登録出願についての第十三条第二項において準用する特許法第三十四条第四項の規定の適用については、同項中「相続その他の一般承継の場合を除き、特許庁長官」とあるのは、「商標法第六十八条の二第五項に規定する国際事務局」とする。

2　国際商標登録出願については、第十三条第二項において準用する特許法第三十四条第五項から第七項までの規定は、適用しない。

第六十八条の十七　国際登録の名義人の変更により国際登録において指定された商品又は役務の全部又は一部が分割して移転されたときは、国際商標登録出願は、変更後の名義人についてのそれぞれの商標登録出願になつたものとみなす。

第六十八条の十八　国際商標登録出願については、第十七条の二第一項又は第五十五条の二第三項（第六十条の二第二項において準用する場合を含む。）において準用する意匠法第十七条の三の規定は、適用しない。

2　国際商標登録出願については、第十七条の二第二項において準用する意匠法第十七条の四の規定は、適用しない。

第六十八条の二十　国際商標登録出願は、その基礎とした国際登録が全部又は一部について消滅したときは、その消滅した範囲で指定商品又は指定役務の全部又は一部について取り下げられたものとみなす。

2　前条第一項の規定により読み替えて適用する第十八条第二項の規定により設定の登録を受けた商標権（以下「国際登録に基づく商標権」という。）は、その基礎とした国際登録が全部又は一部について消滅したときは、その消滅した範囲で指定商品又は指定役務の全部又は一部について消滅したものとみなす。

3　前二項の効果は、国際登録簿から当該国際登録が消滅した日から生ずる。

第六十八条の二十八　国際商標登録出願については、第十五条の二（第五十五条の二第一項（第六十条の二第二項において準用する場合を含む。）において準用する場合を含む。）又は第十五条の三（第五十五条の二第一項（第六十条の二第二項において準用する場合を含む。）において準用する場合を含む。）の規定による通知を受けた後は、事件が審査、審判又は再審に係属している場合に限り、願書に記載した指定商品又は指定役務について補正をすることができる。

2　国際商標登録出願については、第六十八条の九第二項の規定により商標の詳細な説明とみなされた事項を除き、第六十八条の四十の規定は、適用しない。

商標法施行規則

第四条の九　商標法第六十八条の九第二項の表の国際登録簿に記載されている事項のうち国際登録の対象である商標の記載の意義を解釈するために必要な事項として経済産業省令で定めるものの項の経済産業省令で定める事項は、次のとおりとする。

一　色彩に係る主張に関する情報（色彩のみからなる商標の場合に限る。）

二　標章の記述

1．国内登録商標との同一及び重複の判断について

　　第68条の10（国際商標登録出願の出願時の特例）が適用されるかについては次のとおり取り扱うものとする。

　(1)　第68条の10の適用を受けることができるのは、当該国際商標登録出願の査定時において有効に存続している国内登録に基づく登録商標（以下「国内登録商標」という。）であって、同条に規定する要件をすべて満たしている場合に限る。例えば、次のような商標には適用されない。

　　（例）　適用されない商標

　　①　出願中の商標

　　②　国際商標登録出願に基づく登録に係る商標

　(2)　国際商標登録出願に係る商標は、国内登録商標に係る商標と同一の標章（縮尺のみ異なるものを含む。）でなくてはならない。

　(3)　国際商標登録出願と国内登録商標に係る指定商品又は指定役務が重複しているか否かは、次のとおり判断する。

　　①　国際商標登録出願に係る指定商品又は指定役務が、本条の判断時点においては国内登録商標に係る指定商品又は指定役務に概念上含まれる場合であっても、当該国内登録商標の出願時には国際商標登録出願に係る指定商品又は指定役務が存在していないという十分な心証を得られたときは、重複しないものと判断する。

　　（例）　重複しないものと判断する場合

　　　　国内登録商標の指定商品「電気通信機械器具」

　　　　国際商標登録出願の指定商品「乗物用ナビゲーション装置」

　　（解説）　国内登録商標の出願時に「乗物用ナビゲーション装置」が存在していないことを前提とする。

　　②　国際商標登録出願に係る指定商品が、当該国内登録商標の出願時に存在していないものであっても、①の基準にかかわらず、商品の品質、形状、用途、機能

175

　　等及び当該商品が属すべき指定商品に係る商品概念並びに一般的、恒常的な取引の実情を総合的に勘案して、当該国内登録商標に係る指定商品と実質的に同一のものと認められる場合は、当該指定商品と重複しているものとする。また、国際商標登録出願に係る指定役務についても、指定商品の場合と同様に取り扱うものとする。

　（例）　実質的に同一のものと認められる場合
　　　　国内商標登録の指定商品「電気通信機械器具」
　　　　国際商標登録出願の指定商品「液晶テレビジョン受信機」

　（解説）　国内登録商標の出願時に「液晶テレビジョン受信機」が存在していないとしても、それと同一用途・機能であり、取引形態も実質的に同一のものと認められる「テレビジョン受信機」が存在しているため。

(4)　　国際商標登録出願が 2 以上の商品又は役務を指定している場合であって、重複に係る国内登録商標が 1 又は 2 以上ある場合について、第68条の10の規定により出願の日が遡及するか否かは、それぞれ国内登録商標との関係で第68条の10が規定する要件を満たすものであるかを考察し、要件を満たすものである場合は、その指定商品又は指定役務ごとにそれぞれ国内登録商標における出願の日に遡及するものとする。

２．国際商標登録出願に係る商標の補正

　国際商標登録出願に係る商標は、国際登録がされた段階で確定しているため、補正をすることができない。

第17 附則第2条、第3条、第4条、第6条、第11条、第12条 及び第24条

（書換）

削除

第18　その他

１．第11条第４項及び第12条第２項（出願の変更）における「査定又は審決が確定した」時について

　「査定又は審決が確定した」時とは、登録査定にあっては登録査定謄本の送達があった時とする。

２．同一人が、同一の指定商品又は指定役務に係る同一の商標又は標章を出願した場合について

　(1)　同一人が同一の商標（縮尺のみ異なるものを含む。）について、その指定する商品又は役務がすべて同一の商標登録出願をしたと認められるときは、第68条の10の規定に該当する場合を除き、原則として、後願について「商標法第３条の趣旨に反する。」との拒絶の理由を通知するものとする。

　(2)　商標権者が登録商標と同一の商標（縮尺のみ異なるものを含む。）について同一の商品又は役務を指定して商標登録出願したときも、同様とする。

　(3)　商標権者が、同一の登録商標に基づき、その指定する商品又は役務がすべて同一の防護標章登録出願をしたと認められるときは、原則として、後願について「商標法第64条第１項及び第２項の趣旨に反する。」との拒絶の理由を通知するものとする。

　(4)　防護標章の更新登録出願をすることができる期間内に防護標章登録に基づく権利を有する者から同一の登録防護標章についてその指定する商品又は役務がすべて同一の防護標章の更新登録出願があったときも、同様とする。

３．パリ条約による優先権の主張を伴う商標登録出願について

　(1)　優先権主張について

　　以下(ｱ)から(ｳ)の要件を満たすものと認められる場合には、優先権の主張が適正であると判断する。

　(ｱ)　優先権主張を伴う商標登録出願の出願人が、商標法第13条第１項で準用する特許法第43条第２項の規定により提出された証明書類等（以下「優先権証明書類等」という。）に示された出願人と同一人又はその承継人であること（パリ条約４条Ａ（１））

　(ｲ)　優先権主張を伴う商標登録出願の願書に記載された商標と、優先権証明書類等に記載された商標が一致すること

　(ｳ)　優先権主張を伴う商標登録出願に係る指定商品又は指定役務の全部又は一部が

　　優先権証明書類等に示された指定商品又は指定役務に含まれていること
(2)　優先権主張を伴う商標登録出願の効果について

　　優先権の主張が適正であると認められるときは、以下の規定の適用にあたり、当該商標登録出願が第一国出願の時にされたものとして取り扱う(以下この第一国出願の日を「優先日」という。)。

(ｱ)　第4条第1項第11号(先願に係る他人の登録商標)

(ｲ)　第8条(先願)

　　また、第4条第3項の規定における「商標登録出願の時」は、優先日で判断する。

(ｱ)　第4条第1項第8号(他人の氏名又は名称)

(ｲ)　第4条第1項第10号(他人の周知商標)

(ｳ)　第4条第1項第15号(商品又は役務の出所の混同)

(ｴ)　第4条第1項第17号(ぶどう酒又は蒸留酒の産地の表示)

(ｵ)　第4条第1項第19号(他人の周知商標と同一又は類似で不正の目的をもって使用をする商標)

デザイン原案　株式会社廣済堂

商標審査基準〔改訂第16版〕

1971年(昭和46年) 3 月31日	初　版　　発　行	
1977年(昭和52年) 9 月10日	改　訂　版　　発　行	
1986年(昭和61年) 6 月25日	改 訂 第 3 版 発 行	
1992年(平成 4 年) 3 月23日	改 訂 第 4 版 発 行	
1995年(平成 7 年) 7 月20日	改 訂 第 5 版 発 行	
1997年(平成 9 年) 3 月31日	改 訂 第 6 版 発 行	
2000年(平成12年) 6 月 5 日	改 訂 第 7 版 発 行	
2006年(平成18年) 8 月 4 日	改 訂 第 8 版 発 行	
2007年(平成19年)11月20日	改 訂 第 9 版 発 行	
2012年(平成24年) 9 月 5 日	改 訂 第 10 版 発 行	
2015年(平成27年) 5 月26日	改 訂 第 11 版 発 行	
2016年(平成28年) 6 月14日	改 訂 第 12 版 発 行	
2017年(平成29年) 5 月24日	改 訂 第 13 版 発 行	
2019年(平成31年) 4 月10日	改 訂 第 14 版 発 行	
2020年(令和 2 年) 7 月10日	改 訂 第 15 版 発 行	
2024年(令和 6 年) 5 月30日	改 訂 第 16 版 発 行	

編　集　　特許庁

©2024　特許庁

発　行　　一般社団法人　発明推進協会

発行所　　一般社団法人　発明推進協会

〒105-0001　　東京都港区虎ノ門 2 - 9 - 1
(編集)電　話　東　京　03 (3502) 5433
(販売)電　話　東　京　03 (3502) 5491
　　　　Ｆ a x . 東　京　03 (5512) 7567

ISBN978-4-8271-1399-0 C3032　　　印刷・製本　株式会社丸井工文社

乱丁・落丁本はお取替えいたします。　　　Printed in Japan

本書の全部または一部の無断複写複製
を禁じます(著作権法上の例外を除く)。

発明推進協会 HP：http://www.jiii.or.jp/